CB131689

Histórias, Reflexões e Metáforas

JOSÉ CARLOS REYES
JAIRO MANCILHA

HISTÓRIAS, REFLEXÕES E METÁFORAS

QUALITYMARK

Copyright© 2006 by José Carlos Reyes e Jairo Mancilha

Todos os direitos desta edição reservados à Qualitymark Editora Ltda.
É proibida a duplicação ou reprodução deste volume, ou parte do mesmo, sob qualquer meio, sem autorização expressa da Editora.

Direção Editorial
SAIDUL RAHMAN MAHOMED
editor@qualitymark.com.br

Produção Editorial
EQUIPE QUALITYMARK

Capa
WILSON COTRIM

Editoração Eletrônica
MS EDITORAÇÃO

CIP-Brasil. Catalogação-na-fonte
Sindicato Nacional dos Editores de Livros, RJ

R352h

Reyes, José Carlos

Histórias, reflexões e metáforas /José Carlos Reyes e Jairo Mancilha. – Rio de Janeiro : Qualitymark, 2006.

136p. :

ISBN 85-7303-625-7

1. Meditações. 2. Fábulas. I. Mancilha, Jairo. II. Título.

06-0129 CDD 869.98
CDU 821.134.3 (81) – 34

2006
IMPRESSO NO BRASIL

Qualitymark Editora Ltda.
Rua Teixeira Júnior, 441
São Cristóvão
20921-405 – Rio de Janeiro – RJ
Tel.: (0XX21) 3860-8422

Fax: (0XX21) 3860-8424
www.qualitymark.com.br
E-Mail: quality@qualitymark.com.br
QualityPhone: 0800-263311

Prefácio

Histórias e metáforas são usadas para transmitir verdades e compreensões profundas. Ao contar metáforas e histórias expandimos a mensagem a outros níveis. Elas envolvem o leitor ou o ouvinte – engajando o cérebro, o sistema visual, a imaginação, a memória e a emoção e, assim, não só ensinam mas também podem inspirar e motivar.

As metáforas, histórias e reflexões apresentadas nesse livro são algumas das nossas favoritas. Algumas foram escritas por nós e outras foram coletadas ao longo do tempo e em treinamentos, palestras e até mesmo recebidas pela Internet. Nós as compartilhamos com você para sua reflexão e talvez você queira até usar algumas delas nas suas palestras.

Várias histórias são de autor e fonte desconhecidos. Se você souber a que autor pertence, por favor envie-nos a informação.

José Carlos Reyes e Jairo Mancilha

inap@pnl.med.br

www.pnl.med.br

Sumário

O Bambu

José Carlos Reyes

A suave brisa foi se transformando em ligeiro vento. O mar, que havia permanecido tranqüilo, levantou-se em enormes ondas. Então, ventos fortes arrancaram as árvores rígidas que foram submersas pela maré e condenadas a permanecerem no fundo do oceano.

O temporal havia devastado a ilha que outrora estivera coberta de palmeiras. A desolação fez com que as aves emigrassem para terras distantes, onde construíram seus novos ninhos.

Quando algumas árvores rígidas chegavam a uma certa altura, a fúria dos ventos e a força das ondas as arrancavam e as destroçavam.

O tempo trouxe à ilha uma nova semente, que ao brotar aprofundou sua raiz, firmando-se fortemente na terra, e em seguida o talo se dirigiu à superfície, crescendo forte e flexível. Nem o vento nem a maré, por mais feroz que fossem, conseguiam arrancá-la.

Assim, uma nova semente fez com que a vida voltasse à ilha, a semente da flexibilidade.

O Eco

José Carlos Reyes

O aprendiz chegou ao amanhecer. Contemplou os primeiros raios de sol que transpassavam entre as folhagens das árvores. Ele estava muito emocionado. Pela primeira vez conheceria o mar. Mesmo que já o imaginasse pelas histórias que havia escutado da própria voz do mestre, esta seria uma experiência vívida, pensava ele. Faltando alguns passos para chegar à cabana, colocou a mão na sacola que trazia e tirou uma concha de madrepérola, levando-a ao ouvido para escutar o som do mar.

O mestre, que o olhava através da janela, aproximou-se e abriu a porta. Conversaram uns minutos e logo se dirigiram à caverna que os conduziria à praia.

O mestre colocou a mão no ombro do aprendiz e o conduziu pelo caminho escuro. O aprendiz foi pouco a pouco se familiarizando com o caminho e fortalecendo seus passos. Quando estavam perto da saída já se escutava o barulho das ondas. Viram a linha do horizonte.

Quando o aprendiz estava desfrutando a beleza que a paisagem oferecia, lembrou-se da concha de madrepérola e perguntou ao mestre:

– Como é possível que uma concha tão pequena possa conter toda a imensidão do mar?

O mestre respondeu sorrindo:

– São os mistérios da natureza. Muitas vezes a grandeza começa com as pequenas obras.

O aprendiz comentou novamente:

– Mestre, quando estávamos quase na metade do caminho, dentro da caverna, percebi que caiu uma pedra e o som se repetiu muitas vezes. Por que isso acontece?

– É o eco, respondeu o mestre.

O aprendiz ficou pensativo por um tempo. Logo depois se dirigiu a uma das grutas que rodeavam a praia e gritou. O seu grito se converteu em um som aterrador que se repetiu muitas vezes.

O mestre se dirigiu à gruta e sussurrou belas palavras que foram repetidas pelo eco.

O aprendiz compreendeu e os dois riram e o som desse riso se repetiu muitas vezes.

– Assim é a vida! disse o mestre. Se pedes triunfos, ganharás triunfos, se pedes fracassos, receberás fracassos; e eles se repetirão.

– Agora, meu filho, você já conhece o mar, ponha os pés no caminho e peça o melhor.

As Borboletas Transparentes

José Carlos Reyes

No princípio todas as borboletas eram transparentes. Moravam em um território agreste, sem cor e sem a oportunidade de diferenciarem-se umas das outras. Também não conheciam o sentido da beleza. Muitas delas permaneciam inertes, deitadas sobre as pedras, esperando que o vento lhes trouxesse algum alimento.

De repente, um dia, um raio de sol conseguiu atravessar as nuvens, deixando entrever o cume das montanhas. Muitas das borboletas, pela primeira vez, divisaram o portal de arco-íris que se erguia sobre o pico mais alto e também pela primeira vez sentiram a necessidade de chegar até o Criador, imaginando que ele morava atrás do arco-íris. Então, levantaram vôo.

Fortificando suas asas, muitas delas chegaram ao alto da montanha, onde conheceram a beleza da natureza, escutaram belas melodias, o canto das aves, o refrescante som das cachoeiras e se sentiram atraídas pelo aroma das flores.

Ao chegar à noite preferiram pousar entre as pétalas misturando-se com o pólen e dormiram satisfeitas.

Ao amanhecer, sentiram uma sutil umidade. Era o orvalho da madrugada e, assim, cada uma adquiriu a cor da flor aonde havia pousado.

Com as asas fortalecidas e gratas à vida, transportaram o pólen criando novos jardins em outros horizontes.

O Aprendizado

José Carlos Reyes

Todas as jovens formigas se reuniram em frente à gruta, onde havia uma pequena folha de laranjeira que agora estava ressecada pelo tempo. Elas se reuniam ali para escutar as histórias da formiga mais sábia. Ela sempre começava dizendo:

– O que vão escutar é muito antigo, mas eterno na sua sabedoria.

Os pequenos animais que habitavam as terras altas da montanha, pouco a pouco, foram acabando com as riquezas naturais, que nelas existiam.

Tendo que deixar o território, por falta de alimento, decidiram emigrar para o norte, pois da pedra mais alta podia-se avistar o vale cheio de riquezas. Todos partiram ao anoitecer e levaram provisões. Somente a formiga acrescentou à sua bagagem uma folha de laranjeira. Ela tinha certeza de que aquela folha lhe seria útil em algum momento.

Lembrou-se dos dias quentes que passava sob as laranjeiras. Também decidiu carregá-la para lembrar-se de que não existe descanso sem trabalho.

Todos viajavam pelos caminhos de pedras. A formiga caminhava com passo seguro, carregando sua folha. Muitas vezes o peso era mais forte que a própria formiga, mas ela não desistia. Se fossem cem as caídas, cento e um eram os esforços para levantar-se. De cada queda aprendia uma nova forma de carregá-la. Não demorou muito tempo para descobrir sua habilidade.

Uma noite, enquanto andavam pelo pequeno deserto, caiu uma forte chuva. Muitos não tiveram onde se refugiar, perdendo, assim, a maior parte de suas provisões. A formiga colocou sua experiência à prova, protegendo-se com a folha.

Na manhã seguinte o dia se mostrou tranqüilo, os emigrantes pegaram o que puderam salvar e se prepararam para continuar o caminho. Alguns pensaram em recolher algumas folhas, mas, ao perceberem que o dia se apresentava sem sinal de chuva, rapidamente se esqueceram da idéia.

Eles caminharam tranqüilos por muitas horas. De repente um forte ruído os assustou. Era o vento que trazia consigo uma enorme quantidade de areia.

A formiga pôde cobrir-se se salvando da tempestade de areia. Passado o mau tempo, muitos dos emigrantes tentaram carregar algumas folhas, mas o incômodo e a falta de experiência fizeram com que as deixassem uma a uma, dizendo que estavam perto do vale. A formiga que já tinha experiência prosseguiu no caminho, encontrando um enorme rio que dividia as terras áridas do paraíso fértil.

A formiga colocou a folha na beirada do rio e a converteu em um pequeno barco, dirigindo-se ao triunfo.

Escola de Animais

Era uma vez uma comunidade de animais que decidiu organizar uma escola para satisfazer as demandas da sua sociedade cada vez mais complexa. Querendo um currículo bem arredondado, eles decidiram que cada estudante deveria ter aulas de corrida, escalada, natação e vôo, visto que esses eram os comportamentos básicos apresentados pela maioria dos animais da comunidade.

No primeiro ano escolar, o pato provou ser um excelente nadador, de fato melhor do que o professor. Ele também era muito bom em vôo. No entanto, como era muito deficiente em corrida, ele foi obrigado a ficar depois da aula para praticar. Foi-lhe dito para parar de nadar a fim de ter mais tempo para correr. Eventualmente, seus pés membranosos ficaram tão danificados que ele, antes excelente na técnica de nadar, foi reduzido a menos do que regular. Ninguém estava preocupado com isso, com exceção do pato.

O coelho começou como o primeiro de sua classe em corrida, mas finalmente teve um colapso nervoso devido ao seu medo de nadar – assunto que ele parecia não conseguir dominar.

O esquilo era excelente para escalar; no entanto, quando o professor insistiu para que começasse a voar a partir do chão e não dos galhos das árvores, ele desenvolveu um bloqueio psicológico que o reduziu a um estudante abaixo da média.

A águia era o pior problema disciplinar da escola. Nas aulas de vôo e de escalada, ela foi excelente, mas insistia em usar seus próprios métodos para chegar aonde queria ir. Ela foi reprovada.

Os geômios entrincheiraram a escola e lutaram contra a cobrança das taxas escolares porque cavar não estava incluído no currículo. Eles colocaram os seus filhos como aprendizes do texugo e mais tarde se juntaram às marmotas para começar uma escola particular que oferecia uma educação alternativa.

No final do primeiro ano da escola, os animais fizeram uma reunião para discutir como o seu sistema educacional tinha falhado em produzir aprendizes eficientes e cidadãos de sucesso.

O Morango

Uma manhã, um monge estava colhendo frutos em uma floresta quando viu um tigre. Não querendo se tornar o café da manhã do tigre, o monge correu. Infelizmente, o tigre correu atrás. Depois de correr com muito esforço através da floresta densa, o monge, de repente, saiu da floresta e se viu balançando na beira de um precipício. Com o tigre já quase chegando nele, o monge não teve outra escolha senão agarrar um cipó dependurado na beira do precipício e pular. O cipó agüentou!

Na metade da descida do penhasco, o monge viu outro tigre esperando embaixo! À medida que ele balançava no cipó tentando decidir o que fazer, um pequeno camundongo saiu de um buraco na parede do penhasco e começou a mordiscar o cipó. Nesse momento de crise, o monge, de repente notou um pé de morango crescendo de uma fenda no penhasco e nele estava o maior e mais bonito morango que ele já tinha visto. Momentaneamente, ignorando a sua situação difícil, o monge esticou o braço, arrancou o morango e deu uma mordida. De repente, todos os seus medos foram esquecidos, pois o monge não pôde sentir nada, mas apenas o intenso prazer do gosto da fruta mais doce e suculenta que ele já tinha comido.

Então logo que o camundongo terminou de roer o cipó, ele caiu e achou uma pequena saliência para agarrar-se. E ficou ali pendurado por tão longo tempo que ambos os tigres ficaram entediados e foram embora. Muito lentamente, o monge conseguiu escalar o penhasco, atravessou a floresta e voltou para a sua aldeia.

Enquanto caminhava, o monge pensou com ele mesmo: "Eu aprendi uma importante lição hoje: A vida é preciosa e o tempo é curto. Com freqüência, gasto meu tempo preocupando-me sobre o que aconteceu comigo no passado (o tigre no topo do penhasco), com o que pode acontecer comigo no futuro (o tigre no fundo do penhasco) e com as picuinhas e aborrecimentos do dia-a-dia (o camundongo). Com toda essa preocupação, às vezes, não vejo as bonitas dádivas que a vida tem para oferecer (o morango). Meu medo me impede de ver e apreciar esses presentes".

Assim, não só deveríamos desejar muitos morangos (presentes) em nossas vidas, mas também ter a sabedoria de reconhecê-los, apanhá-los, saboreá-los e curtir cada uma de todas as preciosas mordidas.

O Viajante

O viajante estava numa longa jornada. Uma manhã ele notou que tinha escolhido um caminho que estava ficando muito estreito e difícil de prosseguir. Percebendo que tinha tomado o caminho errado ele decidiu perguntar à próxima pessoa que ele encontrasse se esse era o caso. Logo ele entrou numa clareira e viu um homem muito velho sentado. O viajante se apressou para chegar a ele e disse: "por favor estou viajando ao longo desse caminho a manhã inteira e ele tornou-se muito estreito. Você pode me dizer se estou indo na direção certa?".

O velho respondeu muito suavemente: "você está no caminho certo. Continue andando. Mas pegue tudo o que você encontrar antes de cruzar o rio". O viajante ficou confuso – o que o velho homem queria dizer com isso? Mas nenhuma outra explicação veio dele e assim ele continuou.

No final da tarde, o viajante cansado após uma curva da estrada encontrou-se na beira de um rio. À medida que começou a andar para o outro lado, as palavras do velho ecoaram na sua mente. Ele parou, olhou em volta, mas apenas notou árvores, arbustos e pedregulhos. Nada de valor. Com indiferença, ele pegou algumas pedras, colocou-as no bolso e continuou atravessando o rio.

Depois de atingir a outra margem, o viajante caminhou com muita dificuldade e sem uma direção definida através de uma densa floresta, até descobrir um novo caminho. Ele estava muito cansado para continuar e começou a acender o fogo. Quando ele se ajoelhou, alguma coisa dura espetou a sua coxa e ele lembrou das pedras em seu bolso. "Aquele velho maluco". O viajante pensou consigo mesmo: "Eu não sei por que carreguei essas pedras por aí". No entanto, quando ele levantou seu braço para jogá-las fora, um brilho colorido atingiu seus olhos. Ele olhou mais de perto.

"Não pode ser!" Ele falou. Com a luz da lua agora brilhando nas pedras, o viajante pode ver que os objetos que ele segurava não eram apenas pedras. Eram diamantes, rubis, safiras e esmeraldas! A sujeira das pedras, ele pensou, deve ter sido lavada quando ele cruzou o rio. Ao mesmo tempo surpreso e triste, o viajante tomou consciência de que, se tivesse pegado mais pedras antes de cruzar o rio, ele nunca mais teria que se preocupar com dinheiro. Mas não dava pra voltar agora: O viajante sabia que nunca encontraria o caminho. Neste exato momento, ele fez uma promessa a si mesmo. Daqui pra frente, eu sempre procurarei ver a real natureza de qualquer coisa antes de julgá-la.

As Duas Sementes

Na primavera, uma jovem senhora semeou o seu jardim. Duas sementes acabaram sendo enterradas uma ao lado da outra. A primeira semente disse para a segunda: "Pensa como será divertido, vamos crescer nossas raízes fundo no solo, e quando elas estiverem fortes, vamos brotar da terra e tornarmo-nos lindas flores para todo mundo ver e admirar!".

A segunda semente ouviu mas estava preocupada. "Isso parece legal", ela disse, "mas a terra não está muito fria? Eu estou com medo de estender minhas raízes nela. E se alguma coisa der errado e eu não me tornar muito bonita? Então a senhora pode não gostar de mim. Eu estou com medo".

A primeira semente, no entanto, não estava intimidada. Ela empurrou suas raízes para baixo na terra e começou a crescer. Quando suas raízes estavam fortes o suficiente, ela emergiu do solo como uma linda flor. A senhora inclinou-se cuidadosamente para ela e orgulhosamente mostrou a flor perfumada para todos os seus amigos. Mas enquanto isso a outra semente permanecia dormente. "Vamos lá", a flor dizia todo o dia para a sua amiga, "está quente e maravilhoso aqui em cima, no sol!".

A segunda semente estava muito impressionada, mas permanecia amedrontada e, com insegurança, empurrou uma raiz no solo. "Ai", ela disse. Essa terra ainda está muito fria e dura pra mim. Eu não gosto dela. Eu prefiro ficar aqui na minha própria concha onde estou segura e confortável. Há muito tempo para me tornar uma flor. Nada do que a primeira semente dissesse mudava a mente da segunda.

Então, um dia, quando a senhora estava fora, um pássaro faminto pousou no jardim e começou a ciscar o solo procurando algo para comer. A segunda semente, que estava logo abaixo da superfície, estava com muito medo de ser comida. Mas aquele era seu dia de sorte.

Um gato pulou do peitoril da janela e espantou o pássaro. A semente suspirou de alívio! E, neste momento, tomou uma importante decisão: "É uma tolice desperdiçar meu curto tempo aqui na terra", ela disse. "Vou seguir as minhas esperanças e sonhos de mudança em vez de meus medos". Então, sem outro pensamento, a segunda semente começou a espalhar as suas raízes e também cresceu e se tornou uma linda flor.

O Bicho-da-Seda

Traduzido e adaptado do livro
Stories for the Third Ear de Lee Wallas

Era uma vez, nas profundezas de uma quieta e escura floresta, no coração de uma densa floresta, uma árvore. Uma árvore majestosa. Em um dos seus galhos mais altos, estava pendurado um objeto curioso. Um objeto que se parecia com uma pequena bolsa de cor marrom e estava presa na parte de baixo do alto galho, nas profundezas da quieta floresta.

A pequena bolsa esteve lá pendurada por todo o inverno. E dentro dela dormia quieta uma criatura viva... dormindo um sono calmo e silencioso... com seu corpo enrolado e imóvel.

Através do longo inverno, aquecida dentro da pequena bolsa, a criatura crescia e se desenvolvia. E isso acontecia tão devagar que você não podia ter certeza... mas ela estava crescendo e, à medida que se desenvolvia, ficava maior e maior e a pequena bolsa parecia se tornar menor e mais justa, envolvendo a pequena criatura. A pequena criatura continuou crescendo até que um dia, no início da primavera, o casulo se tornou muito pequeno para a criatura e começou suavemente a se romper. À medida que se rompia, uma abertura maior e maior aparecia até que um dia se abriu de lado a lado.

A pequena criatura se esticou e sentiu seu novo espaço. Então, cautelosamente e com seu pequeno corpo tremendo, pôs a cabeça para fora da bolsa. Ela não podia ver muito, pois a floresta ainda estava muito escura e seus olhos ainda estavam parcialmente abertos. Ela podia ouvir murmúrios... ver formas suaves e desfocadas, podia sentir uma fragrância estimulante. E, ainda trêmula, ousou sair mais e mais do macio casulo, ficando como que em pé nas suas ainda frágeis pernas, úmidas e fracas, muito insegura dela mesma.

No céu, acima das árvores da floresta, o Sol já brilhava com intensidade e seus raios dourados filtrados pelas folhas das árvores formavam um bonito mosaico de formas e padrões.

E então, com sua visão melhorando a cada momento, viu logo adiante uma mancha brilhante e, ofuscada pelo brilho e pelas maravilhosas cores, a pequena criatura, cautelosamente, começa a se mover na sua direção, centímetro a centímetro, parando a cada pequeno passo para, receosa, olhar e explorar à sua volta. E finalmente, já totalmente livre do pequeno casulo, começa a se mover direto em direção à mancha dourada. Lá, sente o calor, o calor da cor e quase ouve o som das vibrações da cor dourada, sentindo a fragrância da cor dourada. À medida que o gostoso calor se espalha pelo seu corpo, sente a energia formigar pelo corpo e começar a surgir. Começa a sentir, consistentemente, sua própria força e fica em pé mais firmemente, levantando a cabeça. Descobre então longas "antenas" na sua cabeça que podem melhor perceber acontecimentos à sua volta, no seu novo mundo. Seu coração é, então, tocado por uma sensação, um sentimento quase como amor, quase como força, quase como poder, quase como alegria.

E à medida que o calor cresce e cresce na mancha dourada que a envolve, de repente se inicia um agradável e desconhecido processo no seu próprio corpo. A sensação é de um intenso movimento interno de acomodação, crescimento e integração de algo que parece tornar possível a integração de novas partes do seu ser. E, devagar, começa a se desenrolar um belíssimo par de translúcidas asas que continuam a se espalhar mais e mais abertas. E nas asas, fantásticos padrões de gloriosas cores e formas, e já não tão pequena a criatura anda, como suas novas asas permitem, em direção à luz do sol. À medida que elas secam, se tornam mais e mais fortes até que finalmente a criatura começa a bater as asas ritmicamente, como numa dança, e ritmicamente levanta e baixa as duas maravilhosas asas. Cada vez mais rápido, cada vez com mais força, as maravilhosas asas empurram o ar até que, com um movimento inesperado no espaço, a criatura sobe cada vez mais alto, e quase surpresa percebe que está voando, suspensa no ar, movida pelo par de lindas asas, com movimentos graciosos acima da floresta... livre, linda e batendo as asas do seu próprio jeito para o novo mundo que a espera.

Aprendendo a Desfrutar as Coisas Boas da Vida

John Powell

Assim como a felicidade, a capacidade de desfrutar vem de uma fonte interior. Como dizia o filósofo Epíteto a seus contemporâneos, "tudo depende da maneira como você vê as coisas".

Isso nos lembra os dois homens que olhavam pelas grades da prisão – um via lama, o outro via estrelas. Realmente, a possibilidade de desfrutar depende mais do estado de espírito do que das circunstâncias; é mais uma escolha que uma oportunidade. Sabemos que umas pessoas aproveitam mais a vida do que outras; sabemos, também, que as primeiras não são necessariamente mais afortunadas ou dotadas do que as outras. É apenas uma questão de decidir aproveitar a vida, ao invés de lutar contra ela.

A predisposição para desfrutar a vida é uma dessas atitudes ou estados de espírito que nos acompanha desde a infância. Há uma pergunta que fazemos quando chegamos a este mundo: "Para que serve a vida?". De algum modo, obtemos a resposta e tiramos nossas próprias conclusões. É claro que não sabemos aonde e de quem a obtivemos, mas o importante é que temos uma resposta.

É possível não termos escutado exatamente o que foi dito mas, à medida que escutamos, formamos a resposta. Foi ela que determinou nossas expectativas, dizendo-nos o que esperar a cada momento.

A partir daí, nossa vida se tornou simplesmente uma realização da nossa própria profecia (profecia autocumprida).

Aos poucos, aprendemos a ver a realidade e a própria vida através das lentes de nosso estado de espírito. Aprendemos a esperar que a vida seja prazerosa ou muito difícil. Acordamos a cada dia com nossa disposição particular, que colore esse dia e tudo o que vivemos. Nem sempre admitimos, mas é através dessa disposição que modelamos e determinamos nossas próprias experiências. Somos nós que fazemos com que nossa vida seja alegre ou triste. Nossas atitudes básicas foram programadas bem cedo na vida; foram o resultado das sugestões dos outros e da maneira como interpretamos essas sugestões. De qualquer modo, tornaram-se pouco a pouco parte de nós, orientando nossa mente para a luta ou para o prazer, ou para algum ponto entre os dois.

"Um coração alegre serve de remédio,
mas um espírito abatido seca os ossos."

(Provérbio 17:22)

Aproveite Cada Momento

Elaine St. James

Um dos objetivos principais em se alcançar a simplicidade interior é aprender a viver no momento presente. Mantenha em mente que a vida é uma sucessão contínua de momentos presentes. A maioria de nós gasta uma quantidade enorme de nossos momentos arrependendo-se do passado, inquietando-se com o presente ou preocupando-se com o futuro. Perdemos muito da vida desta maneira.

Preocupação e arrependimento são hábitos que nos mantêm presos a velhos padrões. Mas estes hábitos podem ser eliminados uma vez que nos tornemos conscientes deles.

Se você percebe que estes hábitos o estão impedindo de ser feliz, pense sobre o que pode fazer para mudá-los. Pode até soar simplista dizer isto mas você pode aprender e acostumar-se com o hábito de aproveitar sua vida.

Uma maneira de escolher cada momento é começar a ter responsabilidade pela sua própria vida. Se você não está feliz com sua vida nas presentes circunstâncias, não tem que culpar ninguém a não ser você mesmo. Faça quaisquer que sejam as mudanças que você precisa de tal maneira que você fique feliz.

Continuando assim você vai atingir, automaticamente, um nível de aproveitamento no dia-a-dia da sua vida nunca antes experimentado. Fazendo o esforço consciente para aproveitar cada momento sua busca interior se tornará muito mais fácil.

Decálogo

Thomas Jefferson

I. Nunca deixe para amanhã o que pode fazer hoje.

II. Nunca pressione os outros para que o ajudem no que você pode fazer sozinho.

III. Não gaste o dinheiro que ainda não ganhou.

IV. Não compre o que não precisa só porque está barato – isso sai caro.

V. O orgulho sai mais caro do que a fome, a sede e o frio.

VI. Nunca se arrependa de ter comido pouco.

VII. Tudo dá certo, quando feito de boa vontade.

VIII. Os mais dolorosos são os males que nunca acontecem.

IX. Tome tudo pelo lado mais suave.

X. Com raiva, conte até 10; com muita raiva, conte até 100.

...Depende de Você

A paz que você reclama e tenta encontrar...
depende de você.

A compreensão que você reivindica a cada passo...
depende de você.

A bondade que você admira nas pessoas e sonha possuir...
depende de você.

A abertura que é caminho para a renovação...
depende de você.

A realização que você julga essencial...
depende de você.

O amor que você quer encontrar nos outros...
depende de você.

A organização que você apregoa...
depende de você.

Pondere:

queixar-se ou produzir, atrapalhar ou servir,

desprezar ou valorizar, revoltar-se ou colaborar,

adoecer ou curar-se, rebaixar-se ou elevar-se,

monologar ou dialogar, ensimesmar-se ou abrir-se,

estacionar ou progredir... é uma questão de escolha...

e esta escolha **Depende de você**.

O Grande Homem

- Mantém o seu modo de pensar, independentemente de opinião pública.
- É tranqüilo, calmo e paciente.
- Não grita nem se desespera.
- Pensa com clareza, fala com inteligência e vive com simplicidade.
- É do futuro e colhe lições do passado, vivendo no presente.
- Sempre tem tempo.
- Não despreza nenhum ser humano.
- Causa a impressão dos vastos silêncios da natureza: o céu, o oceano, o deserto.
- Não é vaidoso. Como não anda à cata de aplausos, jamais se ofende. Possui sempre mais do que julga merecer.
- Está sempre disposto a aprender, mesmo com as crianças.
- Trabalha pelo prazer do trabalho e não só pela recompensa material.
- É insensível ao louvor e à censura alheia; ouve apenas sua consciência.
- Ama, sofre, pensa, raciocina, compreende.
- O que você possui: dinheiro ou posição social, nada significa para ele; só lhe importa o que você é.

- Despreza a própria opinião tão depressa verifica que está errada.
- Não respeita usos estabelecidos e venerados por espíritos tacanhos; respeita somente a verdade.
- Tem mente de homem e coração de menino.
- Conhece-se a si mesmo, tal qual é, e conhece a Deus.

Lenda Hindu

Houve um tempo em que todos os homens eram deuses. Mas eles abusaram tanto de sua divindade que Brahma, o mestre dos deuses, tomou a decisão de lhes retirar o poder divino: resolveu escondê-lo em um lugar onde seria absolutamente impossível reencontrá-lo. Mas o grande problema era encontrar um esconderijo. Brahma convocou, então, um conselho dos deuses menores para resolver o problema:

– "Enterremos a divindade do homem na terra" foi a primeira idéia dos deuses.

– "Não, isso não basta, pois o homem vai cavar e encontrá-la", respondeu Brahma.

Então, os deuses retrucaram:

– "Então, joguemos a divindade no fundo dos oceanos".

Mas Brahma não aceitou a proposta, pois achou que o homem, um dia, iria explorar as profundezas dos mares e a recuperaria. Então os deuses menores concluíram:

– "Não sabemos onde escondê-la, pois não existe na terra ou no mar lugar que o homem não possa alcançar um dia".

Então, Brahma se pronunciou:

– "Eis o que vamos fazer com a divindade do homem: vamos escondê-la na profundeza dele mesmo, pois é o único lugar onde ele jamais pensará em procurá-la".

Desde esse tempo, conclui a lenda, o homem fez a volta da terra, explorou, escalou, mergulhou e cavou, em busca de algo que se encontra nele mesmo.

Madre Teresa de Calcutá

"As pessoas são irracionais, ilógicas e egocêntricas. Ame-as... mesmo assim!

Se você tem sucesso em suas realizações, ganhará falsos amigos e verdadeiros inimigos. Tenha sucesso... mesmo assim!

O bem que você faz será esquecido amanhã. Faça o bem... mesmo assim!

A honestidade e a franqueza o tornam vulnerável. Seja honesto... mesmo assim!

Aquilo que levou anos para construir pode ser destruído de um dia para o outro. Construa-o... mesmo assim!

Os pobres têm verdadeiramente necessidade de ajuda, mas alguns podem atacá-lo se você os ajudar. Ajude-os... mesmo assim!

Se você der ao mundo e aos outros o melhor de si mesmo, você corre o risco de se machucar. Dê o que você tem de melhor... mesmo assim!"

A Luz

John-Roger

Aonde você for, peça à Luz de Deus que lhe rodeie, proteja
e preencha. Coloque-a à sua frente aonde quer que vá,
para que sempre seja bem recebido. E cada vez que
se encontrar com alguém, peça que esta Luz seja
colocada entre ambos, não como uma barreira,
mas como aquilo que pode clarificar.
Quando as pessoas lhe falarem, per-
gunte-lhes: "É isso verdade para
mim?". Não pode perguntar
se é verdade para outra
pessoa, porque não há
uma verdade real
para todos,
exceto
Deus.

Mandamentos para Ser Feliz

- Seja feliz um pouco todos os dias. É ilusão achar que você vai ser feliz no futuro (depois de casar, aposentadoria, etc.). É desperdício trabalhar o dia inteiro para ser feliz só no dia de receber o cheque.
- Aceite os outros do jeito que eles são (as pessoas são únicas). Aceitá-los pode significar separação (administre isso). Pare de se irritar por bobagens (deixe de se castigar pela raiva).
- Cuide do seu corpo. Pare de ingerir comida ruim, bebidas em excesso, sono ruim. Relaxe, não exija muito do corpo.
- Alimente bem a sua alma. Descarte a sessão de crimes no jornal, filmes violentos, baixo-astral na TV.
- Viva o presente, valorize os momentos dos filhos, familiares, amigos, o amor. Esqueça o passado, a culpa, os ressentimentos.
- Crie prazer em trabalhar. Seja alto astral, generoso, crie um lugar personalizado.
- Vá atrás de seus sonhos. Acomodação mata em vida.
- Engaje-se em um programa social. É o melhor antidepressivo. Você vai ter mais orgulho de estar vivo.
- Espiritualização, fé, meditação e mais oração. Crie tempo e recarregue as baterias.
- Goste de evoluir. O aprendizado se dá pela dor ou pelo prazer. Escolha...
- Seja generoso com você. Ninguém é perfeito. Amanhã vai ser melhor se você parar de se torturar.

Portas Abertas: Janelas Para a Compreensão

Se alguém procura sua casa com frio
é porque você tem o cobertor.

Se alguém procura sua casa com alegria
é porque você tem o sorriso.

Se alguém procura sua casa com lágrimas
é porque você tem o curativo.

Se alguém procura sua casa com versos
é porque você tem a música.

Se alguém procura sua casa com dor
é porque você tem o curativo.

Se alguém procura sua casa com palavras
é porque você tem a audição.

Se alguém procura sua casa com beijos
é porque você tem o mel.

Se alguém procura sua casa com dúvidas
é porque você tem o caminho.

Se alguém procura sua casa com orquestras
é porque você tem a festa.

Se alguém procura sua casa com desânimo
é porque você tem o estímulo.

Se alguém procura sua casa com fantasias
é porque você tem a realidade.

Se alguém procura sua casa com desespero
é porque você tem o brilho.

Se alguém procura sua casa com segredos
é porque você tem a cumplicidade.

Se alguém procura sua casa com tumultos
é porque você tem a meditação.

Se alguém procura sua casa com confiança
é porque você tem o azul.

Se alguém procura sua casa com medo
é porque você tem o amor.

Ninguém chega por acaso à sua casa.
Procure compreender este alguém.
Por isso, jamais feche as portas a quem levemente nelas bate;
jamais vire as costas a quem chega de olhos límpidos
de coração inteiro, de alma exposta.
Não dê desculpas, não se agarre a mil argumentos racionais.
Não invente motivos para justificar gestos bruscos.
Destranque os portões das suas defesas forjadas.
Destrua as muralhas construídas com os tijolos dos empurrões.
Todos que batem a sua porta merecem pão e vinho,
merecem seu abraço, seu aconchego.
Todos que viajam em direção à sua casa,
e batem de leve à porta em busca da sua mão,
merecem entrar...

Medite... Se Você Quer Ser Feliz

Procure beleza ao derredor de si; há beleza numa flor que balança ao sol, beleza no perfume das rosas, beleza no sorriso das crianças.

Se você quer ser feliz, procure o que há de bom no fundo das almas. Não as provoque como se num lago procurasse o lodaçal que mora no fundo. Aceite-as como se mostram, aceite as almas que procuram a sua. Se você quer ser feliz, aceite a vida como uma paisagem que você mesmo pode fazer linda ou ainda mais linda. Não se preocupe com o fim do percurso, não se indague o porquê das limitações, aceite-as apenas e não pense nelas.

Se você quer ser feliz, deponha o fardo no coração amigo; entregue a Ele, confiante, o seu destino. Não se apegue demais ao dinheiro, não se preocupe demais com o dia de amanhã, e leia aquela passagem que diz: "Olhai os lírios do campo...". Se você quer ser feliz, lembre-se, dia-a-dia, de que ninguém é de ninguém. Jogue entre as suas possibilidades a hipótese de ser traído pelo seu amor mais belo, jogue entre as suas hipóteses a perda de seu pai adorado, jogue entre suas possibilidades até mesmo a morte do seu filhinho, que tanta ternura lhe inspira.

Se você quer ser feliz, não pense que é preciso desapegar-se dos que ama. Apenas viva o dia-a-dia, a hora-a-hora. Seja feliz HOJE e, à noite, agradeça a Deus o dia feliz que lhe ofertou. Seja aquele que sorri, que acalma, que não se inquieta com o dia de amanhã.

Se quer ser feliz, amigo, não ponha sua felicidade na dependência de outrem; arranque-a de dentro de si mesmo, que felicidade só pode vir de dentro. Mesmo na hora da amargura veja o que há de melhor em sua vida, busque na própria amargura um motivo de alegria... Absurdo? Não, simplesmente profundo e verdadeiro. Até a própria desgraça tem seu lado bom.

E se quer ser feliz, olhe em torno de si. Abra a mão e deixe cair para seu próximo: dinheiro, sorrisos, ternura e compreensão.

Aprenda a justificar, a compreender, a perdoar. Busque a causa do erro e não o homem errado. Não critique nunca, ame sempre.

Se você quer ser feliz, não exija da vida mais do que ela lhe pode dar e, se você for útil, sinta-se realizado.

Mensagem de Buda

"Diz-se que, mesmo antes de um rio cair no oceano, ele treme de medo. Olha para trás, para toda a jornada, os cumes, as montanhas, o longo caminho sinuoso através das florestas, através dos povoados, e vê à sua frente um oceano tão vasto que entrar nele nada mais é do que desaparecer para sempre. Mas... não há outra maneira. O rio não pode voltar. Ninguém pode voltar. Voltar é impossível na existência. Você pode apenas ir em frente. O rio precisa se arriscar e entrar no oceano. E somente quando ele entra no oceano é que o medo desaparece. Porque apenas então o rio saberá que não se trata de desaparecer no oceano, mas tornar-se oceano. Por um lado é desaparecimento e por outro lado é renascimento. Assim somos nós, voltar é impossível na existência. Você pode ir em frente e se arriscar."

Coragem, torne-se OCEANO.

Buda

"Oração"

Madre Tereza de Calcutá

O que é a vida?
A vida é uma oportunidade – aproveite-a.
A vida é uma beleza – admire-a.
A vida é um dom – aprecie-o.
A vida é um sonho – realize-o.
A vida é um desafio – aceite-o.
A vida é um dever – assuma-o.
A vida é um jogo – jogue-o.
A vida é cara – preserve-a.
A vida é um tesouro – conserve-o.
A vida é amor – saboreie-o.
A vida é mistério – aprofunde-o.
A vida é uma promessa – cumpra-a.
A vida é uma tristeza – ultrapasse-a.
A vida é uma canção – cante-a.
A vida é uma luta – trave-a.
A vida é um perigo – enfrente-o.
A vida é uma aventura – ouse-a.
A vida é forte – mereça-a.
A vida é preciosa – não a destrua.
A vida é vida – lute por ela.
DEUS nos abençoe.

Metáfora Árabe

Dois homens estavam atravessando o deserto. Eles puxavam um camelo que levava nas costas vários tipos de mercadorias. Em determinado ponto, depois de enfrentarem as areias escaldantes por muitas horas, finalmente encontraram um oásis. O mais velho então disse:

– Filho, vamos descansar aqui. Podemos dormir durante essa noite. Vou me deitar agora. Amarre o camelo bem firme e depois pode dormir também.

– Sim, mestre – respondeu o outro.

O jovem olhou para o camelo, e depois para o céu estrelado. E de forma muito contrita fez uma prece:

– Senhor meu Deus, estou muito cansado agora para amarrar o camelo. Por favor, tome conta dele. Obrigado, meu Deus. Confio em vossas mãos o nosso camelo. Em seguida foi deitar-se sob uma palmeira e adormeceu tranqüilo. A manhã surgiu com pássaros a cantar e raios quentes de sol. De repente, alguns gritos cortaram a paz daquele dia que nascia.

– O camelo fugiu! O camelo fugiu! – berrava o mestre – Você não amarrou?

O rapaz acordou assustado e olhando para o velho disse:

– Mestre, durante vários anos eu aprendi com o senhor a confiar em Deus. Ontem à noite eu pedi a Ele que tomasse conta do camelo. Mas Ele não tomou...

O velho e sábio mestre então disse:

– As mãos de Deus na Terra são as suas. Confie em Deus, mas sempre amarre seu camelo...

Movimento

Jairo Mancilha

A vida é um rio que corre preguiçoso beijando docemente as margens, quando a brisa da tarde brinca em sua suave e plana superfície, espelho do sol poente.

Após curta viagem, ele acelera o passo lançando-se na corredeira veloz, onde a força oculta e a escuridão das profundidades vêm à tona em redemoinhos rodopiantes.

Com a inércia da corrida, se lança no vazio da cachoeira rugindo de raiva e prazer misturados – água-poeira-espuma na aventura do espaço.

De novo se acomoda, transformado, renascido, seguindo serenado sua sina, sendo aquilo que é: movimento, dialética.

VIDA RIO,
RIO DA VIDA.

"...não apresse o rio, ele corre sozinho..."

Sensibilidade

"Há alguns anos atrás, nas Olimpíadas Especiais de Seattle, nove participantes, todos com deficiência mental ou física, alinharam-se para a largada da corrida dos 100 metros rasos.

Ao sinal, todos partiram, não exatamente em disparada, mas com vontade de dar o melhor de si, terminar a corrida e ganhar. Todos, com exceção de um garoto, que tropeçou no asfalto, caiu rolando e começou a chorar.

Os outros oito ouviram o choro. Diminuíram o passo e olharam para trás. Então eles viraram e voltaram. Todos eles.

Uma das meninas, com Síndrome de Down, ajoelhou, deu um beijo no garoto e disse: 'Pronto, agora vai sarar'.

E todos os nove competidores deram os braços e andaram juntos até a linha de chegada.

O estádio inteiro levantou e os aplausos duraram muitos minutos. E as pessoas que estavam naquele dia continuam repetindo essa história até hoje.

Talvez os atletas fossem deficientes mentais... Mas, com certeza, não eram deficientes da sensibilidade... Por quê? Porque, lá no fundo, todos nós sabemos que o que importa nesta vida é ajudar os outros a vencer, mesmo que isso signifique diminuir o passo e mudar o curso..."

Palavras de Gabriel Garcia Marquez

"Se, por um instante, Deus se esquecesse de que sou uma marionete de trapo e me presenteasse com um pedaço de vida, possivelmente não diria tudo o que penso mas, certamente, pensaria tudo o que digo.

Daria valor às coisas, não pelo que valem, mas pelo que significam.

Dormiria pouco, sonharia mais, pois sei que a cada minuto que fechamos os olhos perdemos sessenta segundos de luz.

Andaria quando os demais parassem, acordaria quando os outros dormem.

Escutaria quando os outros falassem e gozaria um bom sorvete de chocolate.

Se Deus me presenteasse com um pedaço de vida, vestiria simplesmente, me jogaria de bruços no solo, deixando a descoberto não apenas meu corpo, como minha alma.

Deus meu, se eu tivesse um coração, escreveria meu ódio sobre o gelo e esperaria que o sol saísse. Pintaria com um sonho de Van Gogh sobre estrelas um poema de Mário Benedetti e uma canção de Serrat seria a serenata que ofereceria à Lua.

Regaria as rosas com minhas lágrimas para sentir a dor dos espinhos e o encarnado beijo de suas pétalas.

Deus meu, se eu tivesse um pedaço de vida.

Não deixaria passar um só dia sem dizer às gentes – te amo, te amo.

Convenceria cada mulher e cada homem de que são os meus favoritos e viveria enamorado do amor.

Aos homens, lhes provaria como estão enganados ao pensar que deixam de se apaixonar quando envelhecem, sem saber que envelhecem quando deixam de se apaixonar.

A uma criança, lhe daria asas, mas deixaria que aprendesse a voar sozinha.

Aos velhos ensinaria que a morte não chega com a velhice, mas com o esquecimento.

Tantas coisas aprendi com vocês, os homens...

Aprendi que todo mundo quer viver no cimo da montanha, sem saber que a verdadeira felicidade está na forma de subir a escarpa.

Aprendi que, quando um recém-nascido aperta com sua pequena mão pela primeira vez o dedo de seu pai, o tem prisioneiro para sempre.

Aprendi que um homem só tem o direito de olhar um outro de cima para baixo para ajudá-lo a levantar-se.

São tantas as coisas que pude aprender com vocês, mas, finalmente, não poderão servir muito porque quando me olharem dentro dessa maleta, infelizmente estarei morrendo."

Por Um Dia Somente

Por um dia somente, poderemos fazer o que quisermos. Portanto, hoje vamos perder o medo da vida e o medo da morte, enfim, o medo de sermos felizes, a fim de gozarmos a alegria de cada minuto de harmonia, beleza, paz e saúde que nos seja concedido.

Apenas por hoje, vamos viver um só dia, esquecendo o ontem e o amanhã, não procurando resolver imediatamente todo o problema da vida. Lincoln disse que o homem é exatamente tão feliz quanto queira sê-lo. Vamos resolver ser felizes, só por hoje, ajustando-nos à nossa família, nossa realidade, nossa profissão, nosso destino. Reformar o mundo para ajustá-lo ao nosso gosto é impossível e essa aspiração não é saudável. Se não podemos ter aquilo de que gostamos, talvez possamos gostar daquilo que temos.

Portanto, só por hoje, vamos ser amáveis, compreensivos, alegres, carinhosos; vamos ser o melhor que pudermos, vestir o melhor possível, caminhar tranqüilamente, elogiar as pessoas pelo que fazem ao invés de criticá-las pelo que não podem fazer. E se encontrarmos alguma falha, vamos perdoar e esquecer.

O Sorriso

Nada custa, mas acrescenta muito. Enriquece os recebedores sem empobrecer as doadores. Dura apenas um segundo, mas muitas vezes a memória guarda para sempre.

Traz a felicidade ao lar e à vida. Alimenta a boa vontade entre as pessoas. É a senha dos amigos. Serve de incentivo para o desanimado, de alegria para o triste, de repouso para o fatigado. É contra o mau humor, é o maior antídoto da natureza. É o maior e melhor cartão de visitas. Acalma os nervos, estimula a circulação em todo o rosto, lava a alma. Promove harmonia em todo o nosso organismo. Enfim, dá brilho aos olhos e simpatia ao caráter. Então, "SORRIA!..."

(Autor desconhecido)

"É impossível rir e se preocupar ao mesmo tempo."

Myrl V. Murray

Reflexões

Viva a Vida...

Nós nos convencemos de que a vida ficará melhor algum dia, quando nos casarmos, quando tivermos um filho e, depois, outro. Então, ficamos frustrados, porque nossos filhos não têm idade suficiente e seria muito melhor se tivessem.

Depois, nos frustramos porque temos filhos adolescentes e temos de lidar com eles. Certamente seremos mais felizes quando nossos filhos tiverem ultrapassado essa fase. Dizemos que nossa vida só será completa quando nosso cônjuge conseguir o que busca, quando tivermos comprado um carro melhor, ou tivermos condições de fazer uma viagem longa, quando estivermos aposentados.

A verdade é que não há melhor época para ser feliz do que agora mesmo! Se não, quando? Sua vida será sempre cheia de desafios. Melhor admitir isto para você mesmo e decidir ser feliz de qualquer modo.

Uma das minhas "frases" favoritas é a de Alfred D. Souza, quando ele diz:

"Por muito tempo eu pensei que a minha vida fosse se tornar uma vida de verdade. Mas sempre havia um obstáculo no caminho, algo a ser ultrapassado antes de começar a viver – um trabalho não terminado, uma conta a ser paga. Aí sim, a vida de verdade começaria. Por fim, cheguei à conclusão de que esses obstáculos eram a minha vida de verdade".

Essa perspectiva tem me ajudado a ver que não existe um caminho para a felicidade. A felicidade é o caminho! Assim, aproveite todos os momentos que você tem. E aproveite-os mais se você tem alguém especial para compartilhar, especial o suficiente para passar seu tempo. E lembre-se que o tempo não espera ninguém.

Portanto, pare de esperar até que você termine a faculdade; até que você volte para a faculdade; até que você perca 5 quilos; até que você ganhe 5 quilos; até que você tenha tido filhos; até que seus filhos tenham saído de casa; até que você se case; até que você se divorcie; até sexta à noite; até segunda de manhã; até que você tenha comprado um carro ou uma casa novos; até que seu carro ou sua casa tenham sido pagos; até o próximo verão, primavera, outono, inverno; até que você esteja aposentado; até que a sua música toque; até que você tenha terminado seu drinque; até que você esteja sóbrio de novo; até que você morra, e decida que não há hora melhor para ser feliz do que AGORA MESMO...

Felicidade é uma viagem, não um destino.

Por isso...

– Trabalhe como se você não precisasse de dinheiro.

– Ame como se você nunca tivesse se machucado.

– Auxilie como se fosse rotina.

– Não coma e beba como se fosse a última vez.

– Brinque como se fosse criança.

– Perdoe como gostaria que fosse perdoado.

– E dance como se ninguém estivesse olhando!

SE...

(Com licença de R. Kippling e de outros SE's)

Se você precisar de descanso,
não descanse muito mais que o necessário,
porque ferro parado enferruja,
água estagnada apodrece...
e, além disso, talvez, mais tarde falte tempo
para terminar a tarefa da existência...
E é trágico demais morrer inacabado.

Se você for alegre e feliz,
não ria alto demais,
para que a sua gargalhada
não vá tornar mais doloroso
o gemido de alguém, na casa ao lado.

Se, nas dores, você soluçar,
faça-o baixinho, bem no fundo, bem lá dentro,
para não apagar algum sorriso
no semblante de alguém, no andar de cima.

Se você escorregar na estrada da existência
e até mesmo cair mais de uma vez,
não fique deitado no solo, clamando o destino.
Porque lhe falta ainda muito chão,
falta muito caminho por andar
e, além disso, você só vai atrapalhar
a passagem dos outros
que podem tropeçar no seu corpo caído...

E se é triste cair, muito mais triste ainda
é levarmos alguém na nossa queda.

Se, algum dia, talvez, você perder a linha
e der vazão ao grito, à cólera, à revolta,
com ganas de quebrar o mundo ao seu redor,
não arrebente tudo, amigo, por favor,
porque, atrás de você, vem muita gente ainda
que deseja encontrar o mundo inteiro e belo.

Sobre o Amor

"Numa sala de aula havia várias crianças. Quando uma delas perguntou à professora:

– Professora, o que é o amor?

A professora sentiu que a criança merecia uma resposta à altura da pergunta inteligente que fizera. Como já estava na hora do recreio, pediu para que cada aluno desse uma volta pelo pátio da escola e que trouxesse o que mais despertasse nele o sentimento de amor. As crianças saíram apressadas e ao voltarem a professora disse:

– Quero que cada um mostre o que trouxe consigo.

A primeira criança disse:

– Eu trouxe esta flor, não é linda?

A segunda criança falou:

– Eu trouxe esta borboleta. Veja o colorido de suas asas, vou colocá-la em minha coleção.

A terceira criança completou:

– Eu trouxe este filhote de passarinho. Ele havia caído do ninho junto com outro irmão. Não é uma gracinha?

E assim as crianças foram se colocando. Terminada a exposição a professora notou que havia uma criança que tinha ficado quieta o tempo todo. Ela estava vermelha de vergonha, pois nada havia trazido. A professora se dirigiu a ela e perguntou:

– Meu bem, por que você nada trouxe?

E a criança timidamente respondeu:

– Desculpe, professora. Vi a flor e senti o seu perfume, pensei em arrancá-la, mas preferi deixá-la para que seu perfume exalasse por mais tempo. Vi também a borboleta, leve, colorida! Ela parecia tão feliz que não tive coragem de aprisioná-la. Vi também o passarinho caído entre as folhas, mas ao subir na árvore notei o olhar triste de sua mãe e preferi devolvê-lo ao ninho. Portanto, professora, trago comigo o perfume da flor, a sensação de liberdade da borboleta e a gratidão que senti nos olhos da mãe do passarinho. – Como posso mostrar o que trouxe?

A professora agradeceu à criança e lhe deu nota máxima, pois ela fora a única que percebera que só podemos trazer o amor no coração."

O Segredo do Sucesso

Uma lenda muito antiga nos conta que certo homem passou quarenta anos de sua vida preso em um calabouço; através de um buraco no teto, jogavam-lhe restos de comida.

Um dia, já com sessenta anos, ele se sentiu frustrado por haver perdido toda a vida; em um acesso de fúria, investiu contra a porta de ferro, descobrindo que ela estivera aberta o tempo todo...

Muitas pessoas se lamentam da falta de sorte, mas nunca tentaram abrir o caminho para o sucesso...

Experimente! Siga os exemplos que figuram na História: o sucesso sempre chegou através do trabalho persistente, a despeito das dificuldades encontradas no caminho. Persiga o seu ideal sem esmorecer; quando menos esperar, encontrará aberta a porta do sucesso.

Eu Pedi a Deus...

Eu pedi força...
Deus me deu dificuldades para me fazer forte.
Eu pedi sabedoria...
Deus me deu problemas para resolver.
Eu pedi prosperidade...
Deus me deu cérebro e músculos para trabalhar.
Eu pedi coragem...
Deus me deu perigos para superar.
Eu pedi amor...
Deus me deu pessoas com problemas para ajudar.
Eu pedi favores...
Deus me deu oportunidades.

Eu não recebi nada do que pedi...
Mas eu recebi tudo de que precisava.

Um Dia Você Aprende!!!

"Um dia Você Aprende que...

Depois de algum tempo você aprende a diferença, a sutil diferença entre dar a mão e acorrentar uma alma.

E você aprende que amar não significa apoiar-se e que companhia nem sempre significa segurança. E começa a aprender que beijos não são contratos e presentes não são promessas.

E começa a aceitar suas derrotas com a cabeça erguida olhos adiante, com a graça de um adulto e não com a tristeza de uma criança.

E aprende a construir todas as suas estradas no hoje, porque o terreno do amanhã é incerto demais para os planos, e o futuro tem o costume de cair em meio ao vão.

Depois de um tempo você aprende que o sol queima se ficar exposto por muito tempo.

E aprende que não importa o quanto você se importe, algumas pessoas simplesmente não se importam... E aceita que não importa quão boa seja uma pessoa, ela vai feri-lo de vez em quando e você precisa perdoá-la por isso.

Aprende que falar pode aliviar dores emocionais.

Descobre que se leva anos para se construir confiança e apenas segundos para destruí-la, e que você pode fazer coisas em um instante, das quais se arrependerá pelo resto da vida.

Aprende que verdadeiras amizades continuam a crescer mesmo a longas distâncias.

E o que importa não é o que você tem na vida, mas quem você tem na vida.

E que bons amigos são a família que nos permitiram escolher.

Aprende que não temos que mudar de amigos se compreendemos que os amigos mudam; perceba que seu melhor amigo e você podem fazer qualquer coisa, ou nada, e terem bons momentos juntos. Descobre que as pessoas com quem você mais se importa na vida são tomadas de você muito depressa, por isso sempre devemos deixar as pessoas que amamos com palavras amorosas, pois pode ser a última vez que as vejamos.

Aprende que as circunstâncias e os ambientes têm influência sobre nós, mas somos responsáveis por nós mesmos.

Começa a aprender que não se deve comparar com os outros, mas com o melhor que pode ser. Descobre que se leva muito tempo para se tornar a pessoa que quer ser, e que o tempo é curto.

Aprende que não importa aonde já chegou, mas onde está indo, mas, se você não sabe para onde está indo, qualquer lugar serve.

Aprende que, ou você controla seus atos ou eles o controlarão, e que ser flexível não significa ser fraco ou não ter personalidade, pois não importa quão delicada e frágil seja uma situação, sempre existem dois lados.

Aprende que heróis são pessoas que fizeram o que era necessário fazer, enfrentando as conseqüências. Aprende que paciência requer muita prática.

Descobre que algumas vezes a pessoa que você espera que o chute quando você cai é uma das poucas que o ajudam a levantar-se.

Aprende que maturidade tem mais a ver com os tipos de experiência que se teve e o que você aprendeu com elas do que com quantos aniversários você celebrou.

Aprende que há mais dos seus pais em você do que você supunha.

Aprende que nunca se deve dizer a uma criança que sonhos são bobagens; poucas coisas são tão humilhantes e seria uma tragédia se ela acreditasse nisso.

Aprende que quando está com raiva tem o direito de estar com raiva, mas isso não te dá o direito de ser cruel.

Descobre que só porque alguém não o ama do jeito que você quer que ame, não significa que esse alguém não o ama com tudo o que pode, pois existem pessoas que nos amam, mas simplesmente não sabem como demonstrar ou viver isso.

Aprende que nem sempre é suficiente ser perdoado por alguém; algumas vezes você tem que aprender a perdoar-se a si mesmo.

Aprende que, com a mesma severidade com que julga, você será em algum momento condenado. Aprende que não importa em quantos pedaços seu coração foi partido, o mundo não pára para que você o conserte.

Aprende que o tempo não é algo que possa voltar para trás. Portanto, plante seu jardim e decore sua alma, ao invés de esperar que alguém lhe traga flores.

E você aprende que realmente pode suportar... que realmente é forte, e que pode ir muito mais longe depois de pensar que não se pode mais.

E que realmente a vida tem valor e que você tem valor diante da vida!

Nossas dádivas são traidoras e nos fazem perder o bem que poderíamos conquistar, se não fosse o medo de tentar."

Uma Autobiografia em Cinco Pequenos Capítulos

Poema do Livro "There's a Hole in my Sidewalk"
(Existe um Buraco na minha Calçada) *de Porscha Nelson*

Capítulo 1

Eu ando rua abaixo.
Existe um buraco fundo na calçada.
Eu caio.
Eu estou perdido. Eu estou desamparado. Isto não é minha culpa.
Leva um tempão para achar o caminho de volta.

Capítulo 2

Eu ando na mesma rua.
Existe um buraco fundo na calçada.
Eu finjo que não o vejo.
Eu caio novamente.
Eu não posso acreditar que eu estou no mesmo lugar.
Mas isto não é minha culpa.
Ainda leva um tempão para sair.

Capítulo 3

Eu ando na mesma rua.
Existe um buraco fundo na calçada.

Eu vejo que ele está lá.
Mesmo assim eu caio.
Isso é um hábito. Mas meus olhos estão abertos.
Eu sei onde estou.
Isto é minha culpa.
Eu saio dele imediatamente.

Capítulo 4

Eu ando na mesma rua.
Existe um buraco fundo na calçada.
Eu passo por volta dele.

Capítulo 5

Eu ando em outra rua.

Acredite em Você Mesmo

Acorde todas as manhãs com um sorriso.
Esta é mais uma oportunidade que você tem para ser feliz.
Seja seu próprio motor de ignição.
O dia de hoje jamais voltará.
Não o desperdice, pois você nasceu para ser feliz!

Enumere as boas coisas que você tem na vida.
Ao tomar consciência do seu valor,
você será capaz de ir em frente com
muita força, coragem e confiança!

Trace objetivos para cada dia.
Você conquistará seu arco-íris,
um dia de cada vez.
Seja paciente.

Não se queixe do seu trabalho, do tédio, da rotina,
pois é o seu trabalho que o mantém alerta,
em constante desenvolvimento pessoal e profissional,
além disso o ajuda a manter a dignidade.

Acredite, seu valor está em você mesmo.
Não se deixe vencer, não seja igual, seja diferente.
Se nos deixarmos vencer,
não haverá surpresas, nem alegrias.

Compartilhe. Sorria. Abrace.
A felicidade é um perfume que
você não pode passar nos outros
sem que o cheiro fique um pouco em suas mãos.

O importante de você ter uma atitude positiva
diante da vida, ter o desejo de mostrar
o que tem de melhor, é que isso produz
maravilhosos efeitos colaterais:

Não só cria um espaço feliz
para os que estão ao seu redor,
como também encoraja outras pessoas
a serem mais positivas.

O tempo para ser feliz é agora.
O lugar para ser feliz é aqui!

Alternativas

Lauro Michielin

Sua bondade
conquistará a simpatia dos irmãos...

Sua maldade
provocará a ira e a vingança de seus semelhantes...

Sua calma
o conduzirá à tranqüilidade que você espalhou ao seu redor...

Sua irritação
lhe trará a ansiedade que você mesmo semeou em seu caminho...

Sua dedicação
lhe proporcionará o amparo dos amigos dedicados...

Sua indiferença
motivará a desatenção dos que o rodeiam...

Sua virtude
o envolverá em paz de espírito...

Seus desregramentos
o levarão à estrada do desequilíbrio...

Seu entusiasmo
estimulará o otimismo dos companheiros de jornada...

Seu pessimismo
o arrastará aos abismos do desânimo...

Sua caridade
chamará em seu auxílio as bênçãos do Plano de Cima...

Sua dureza
atrairá para sua vida as sombras inferiores do egoísmo e do desprezo...

Seu amor cristão
semeará o amor divino...

Seu ódio
o ligará à luta das trevas escabrosas...

Tudo o que você fizer
encontrará em seu caminho...

Porque, no Campo Fecundo da Vida,
cada qual somente colhe da semente que plantou.

10 Dicas Para Viver Bem

1) Harmonize seu lar!

Abra portas e janelas e comece uma limpeza. Inicie pelo guarda-roupas e demais armários. Tire tudo e só guarde o que está realmente precisando. O resto elimine da melhor forma que encontrar (doando, vendendo, etc.). Faça isso em todas as dependências da casa ou escritório. Lembre-se, só fica o necessário! Roupas e objetos que estão sem uso perdem a função vital, bloqueando o fluxo de energia do meio ambiente. A falta dessa energia ou a energia parada adoece a casa, você e sua família. Faça isso periodicamente e com a consciência de que também estará fazendo uma faxina emocional.

2) Alimente-se corretamente!

Respeite os momentos das refeições. Preste atenção no que está fazendo. Não assista TV e nem marque negócios para essa hora. Evite falar sobre problemas. Acalme-se, olhe para o seu prato e lembre-se: o que está ingerindo irá para o interior das suas células e será parte de você, tanto física como mentalmente. Seu corpo é 100% natural, e uma alimentação artificial é incompatível com a sua natureza. Evite também alimentos de base animal, pois eles levam uma vida inteira sendo maltratados, principalmente no momento do abate. Todas essas emoções como o medo, o desespero, a tristeza, ficam em forma de energia negativa impregnadas nas carnes que você está ingerindo.

3) Mantenha-se Consciente!

Perceba os seus pensamentos. Ao longo do dia você tem milhares de pensamentos negativos e positivos. Você não é os seus pensamentos, mas eles têm uma enorme força sobre a sua vida. Se você tem mais pensamentos negativos, isto demonstra que você está uma pessoa negativa, sua vida vai mal e as pessoas e situações que costuma atrair também estão na mesma freqüência de negatividade. Você pode mudar a sua vida mudando a qualidade de seus pensamentos. Para mudar isso, procure cultivar os pensamentos positivos e os elevados. Enquanto presta atenção no que está pensando, já tem maior autocontrole sobre a energia mental e, conseqüentemente, sobre sua vida. Procure ler frases de afirmações positivas e biografias de pessoas bem-sucedidas. Com o tempo, perceberá que no jardim existem rosas que carregam espinhos e que a felicidade é um presente para quem observa as rosas e não apenas a "tristeza" dos espinhos.

4) Tenha objetivos!

Tenha objetivos materiais e espirituais. Busque sempre melhorar a sua condição financeira, planeje adquirir bens, faça investimentos, realize viagens e busque tudo o que tiver vontade, mas lembre-se: nunca dependa dessas conquistas para viver emocionalmente bem. Elas não podem garantir isto! O verdadeiro Bem-Estar só é alcançado por meio dos objetivos espirituais. Tornar-se uma pessoa mais paciente, bondosa, serena, confiável e amiga, além de humilde, aberta, sincera e simples e, principalmente, uma pessoa de fé e confiança na vida. Esses objetivos, e só esses objetivos, podem garantir o equilíbrio, a satisfação e a razão de viver.

5) Exercite-se!

Escolha um exercício que lhe agrade: caminhar, dançar, nadar, pedalar... são bem recomendados. Os exercícios estimulam o fluxo de energia vital gerando, além de um melhor condicionamento físico, uma ótima sensação de bem-estar. O mais difícil é tomar a decisão de começar, ou mesmo recomeçar. Mas depois de 21 dias de exercício ou prática o cérebro registra como um hábito e tudo fica mais fácil.

6) Utilize seus Talentos!

Você tem dons e talentos. Descubra quais são eles e comece a colocar em prática. A saúde física e emocional também depende desses talentos. Pessoas que não utilizam essa energia criativa bloqueiam o seu fluxo energético e adoecem física e emocionalmente. Canalize seus talentos com o propósito de melhorar a vida das pessoas. Este é um excelente caminho para encontrar prazer, equilíbrio e crescimento em sua vida.

7) Medite, Ore & Contemple!

A meditação é a medicina do corpo e da mente mais poderosa do mundo. Além de terapêutica é a melhor ferramenta para o crescimento pessoal e espiritual. Preste muita atenção: aprendendo a meditar você descobre a diferença do que é ou não importante para sua vida, e com isto se torna uma pessoa mais segura e objetiva. Com a meditação você cura seu corpo, melhora a memória e concentração, desperta a intuição e a percepção. Você se torna uma pessoa mais disposta e produtiva, mais agradável e serena. A forma de meditar é particular de cada pessoa. Existem muitas técnicas e rituais. Cada um deve praticar da maneira que se sentir melhor. Procure um livro, um curso ou um mestre, mas procure, pois a meditação vai melhorar muito a sua vida, pois vai fazer você encontrar a pessoa mais importante do mundo: você mesmo!

8) Aceite a vida como ela é!

Pare já de reclamar. Volte sua mente para o que a vida oferece de bom. Aceite viver nesse planeta azul, e curta a viagem da melhor maneira possível. Lembre-se que ela tem fim, então faça bom proveito. Ajude ao próximo, seja uma pessoa sincera, alegre e procure trabalhar com amor. Aceite sua casa e seus bens. Aceite as pessoas como elas são e, principalmente, se aceite como você é, seu corpo, sua personalidade. Mas aceitar não significa se acomodar com os problemas e dificuldades da vida. Devemos buscar a força para mudar o que podemos mudar, e a aceitação para o que não se pode ser diferente.

9) Visite a Natureza!

Coloque essa meta em sua vida. Pelo menos uma vez por mês, faça uma visita à mãe natureza. Ela tem o poder de purificar as células e acalmar o espírito. O mar neutraliza as energias negativas e recarrega o campo eletromagnético (aura). As cachoeiras ativam a vida celular e também energizam a aura, além de hidratar a pele e os cabelos. O verde ativa o processo interior de autocura, tanto física como emocional. Pisar descalço na terra descarrega as energias negativas. E não se esqueça: você é parte da natureza e deve estar em harmonia com ela se quiser manter ou recuperar a qualidade de sua vida.

10) Contacte-se com sua ORIGEM!

Descubra como estar em sintonia com Deus, que está ao redor e, principalmente, dentro do seu coração. A melhor forma?

Fica a seu critério. O importante é desejar que isso aconteça.

Correr Riscos

Lauro Michielin

Rir é correr risco de parecer tolo.
Chorar é correr o risco
De parecer sentimental.

Estender a mão é correr o risco de se envolver.
Expor seus sentimentos
É correr o risco de mostrar seu verdadeiro eu.
Defender seus sonhos e idéias diante da multidão
É correr o risco de perder as pessoas.
Amar é correr o risco de não ser correspondido.
Viver é correr o risco de morrer.
Confiar é correr o risco de se decepcionar.
Tentar é correr o risco de fracassar.

Mas os riscos devem ser corridos,
Porque o maior perigo é não arriscar nada.
Há pessoas que não correm nenhum risco,
Não fazem nada, não têm nada e não são nada.
Elas podem até evitar sofrimentos e desilusões,
Mas elas não conseguem nada, não sentem nada,
Não mudam, não crescem, não amam, não vivem.

Acorrentadas por suas atitudes,
Elas viram escravas,
Privam-se de sua liberdade.
Somente a pessoa que corre riscos é livre!

Deus

(Frei Antônio das Chagas,
por volta do Século XVII)

Deus pede estrita conta de meu tempo
E eu vou do meu tempo dar-lhe conta.
Mas, como dar, sem tempo, tanta conta,
Eu, que gastei, sem conta, tanto tempo?

Para dar minha conta feita a tempo,
O tempo me foi dado, e não fiz conta;
Não quis, sobrando tempo, fazer conta.
Hoje, quero acertar conta, e não há tempo.

Oh, vós, que tendes tempo sem ter conta,
Não gasteis vosso tempo em passatempo.
Cuidai, enquanto é tempo, em vossa conta!

Pois aqueles que, sem conta, gastam tempo,
Quando o tempo chegar, de prestar conta
Chorarão, como eu, o não ter tempo...

O Bom Caminho

Saiba onde quer chegar; caminhe passo a passo; desfrute do caminho; não desista de seus sonhos

Pense globalmente e aja localmente

Razão não é tudo; abra espaço para emoções e intuição

Irradie amor a partir do seu coração, para você e para os outros

Abra espaços para o que você ama fazer

Relaxe o corpo e a mente; medite

Fique longe da negatividade; ouse mais; seja generoso

Não se irrite com coisas pequenas (e tudo é pequeno...); ria mais

Alimente bem o seu corpo, a sua alma e o seu espírito

Tudo muda e rápido; portanto, pratique o desapego; transforme-se

Aceite as coisas como elas são; não julgue e não critique tanto

Exercite-se no trabalho em equipe; apóie outros a crescerem

Ligue-se a fontes inspiradoras; conecte-se à Natureza

Conecte-se ao fluxo de energia universal

Pare de só pensar e aguardar; simplesmente faça!

Este é o caminho da energização. A trilha está demarcada. Que tal começar esta jornada?

Coisas Que Aprendi na Vida!

1. Aprendi que não importa quanto eu me importe, algumas pessoas simplesmente não se importam.
2. Aprendi que não importa quão boa seja uma pessoa, ela vai feri-lo de vez em quando e você precisa perdoá-la por isto (a recíproca também é verdadeira).
3. Aprendi que falar pode aliviar dores emocionais.
4. Aprendi que leva-se anos para se construir confiança e apenas segundos para destruí-la.
5. Aprendi que verdadeiras amizades continuam a crescer mesmo a longas distâncias.
6. Aprendi que você pode fazer coisas em um instante, das quais se arrependerá pela vida inteira.
7. Aprendi que o que importa não é o que você tem na vida, mas quem você tem na vida.
8. Aprendi que bons amigos são a família que nos permitiram escolher.
9. Aprendi que não temos que mudar de amigos se compreendemos que os amigos mudam.
10. Aprendi que as pessoas com quem você mais se importa na vida são tomadas de você muito depressa.
11. Aprendi que devemos deixar sempre as pessoas que amamos com palavras amorosas. Pode ser a última vez que as vejamos.
12. Aprendi que as circunstâncias e o ambiente têm influência sobre nós, mas nós somos responsáveis por nós mesmos.

13. Aprendi que não devemos nos comparar aos outros, mas com o melhor que podemos fazer.
14. Aprendi que não importa até onde já cheguei, mas para onde estou indo.
15. Aprendi que não importa quão delicado e frágil seja algo, sempre existem dois lados.
16. Aprendi que leva muito tempo para eu me tornar a pessoa que quero ser.
17. Aprendi que se pode ir mais longe depois de pensar que não se pode mais.
18. Aprendi que ou você controla seus atos ou eles o controlarão.
19. Aprendi que heróis são pessoas que fizeram o que era necessário fazer, enfrentando as conseqüências.
20. Aprendi que a paciência requer muita prática.
21. Aprendi que existem pessoas que nos amam, mas simplesmente não sabem como demonstrar isso.
22. Aprendi que meu melhor amigo e eu podemos fazer qualquer coisa, ou nada, e termos bons momentos juntos.
23. Aprendi que, algumas vezes, a pessoa que você espera que lhe chute quando você cai é uma das poucas que lhe ajudam a levantar-se.
24. Aprendi que há mais dos meus pais em mim do que eu supunha.
25. Aprendi que, quando estou com raiva, tenho direito de estar com raiva. Mas isto não me dá o direito de ser cruel.
26. Aprendi que só porque alguém não o ama do jeito que você quer que ela ame, não significa que ela não o ame com tudo que pode.
27. Aprendi que a maturidade tem mais a ver com os tipos de experiências que se teve, e o que você aprendeu com elas, do que com quantos aniversários você celebrou.

28. Aprendi que nunca se deve dizer a uma criança que sonhos são bobagens ou que estão fora de cogitação. Poucas coisas são mais humilhantes e seria uma tragédia se ela acreditasse nisso.

29. Aprendi que nem sempre é suficiente ser perdoado por alguém, algumas vezes você tem que aprender a perdoar a si mesmo.

30. Aprendi que não importa em quantos pedaços seu coração foi partido: o mundo não pára para que você o conserte (Só Deus pode fazê-lo... e quer!). Uma coisa que eu também aprendi é que todo mundo precisa de um amigo. E passo sempre para ele minhas mensagens preferidas.

IDOSO sim, VELHO nunca!!!

IDOSO não é sinônimo de VELHO. Portanto, vamos corrigir esse equívoco:

IDOSO é quem tem muita idade, e VELHO é quem perdeu a jovialidade. Em outras palavras, a idade causa a degeneração das células e a velhice, a do espírito. Por isso, podem existir VELHOS de todas as idades.

Vamos às diferenças:

Você é IDOSO quando se pergunta se vale a pena; VELHO quando, sem pensar, diz que não.

IDOSO quando sonha; VELHO quando dorme.

IDOSO quando ainda aprende; VELHO quando já nem ensina.

IDOSO quando se exercita; VELHO quando apenas descansa.

Você é IDOSO quando seu calendário tem “amanhãs”; VELHO quando só tem “ontens”.

IDOSO e VELHO podem ter a mesma idade registrada em cartório, mas nunca o mesmo estado de espírito.

O IDOSO se renova a cada dia; o VELHO se acaba a cada noite.

O IDOSO tem olhos no horizonte, de onde o sol desponta e ilumina a esperança; o VELHO tem sua miopia voltada para as sombras do passado.

O IDOSO tem planos, uma vida cheia de projetos; o VELHO, ao contrário, tem saudades, sofre, o que o aproxima da morte.

As rugas do IDOSO são bonitas, pois foram marcadas pelo sorriso; as do VELHO são feias, pois são frutos da amargura, do não saber envelhecer.

Lembre-se: Olhe para dentro de si e perceba que todos somos únicos e especiais. Por isso, VALORIZE-SE, mude hoje mesmo sua rotina. Faça novos amigos(as), volte a sorrir, divirta-se.

Encontre a fonte da vida eterna!!!

Instruções Para Toda a Vida

1. Leve em consideração que grandes amores e conquistas envolvem grande risco.
2. Quando você perde, não perca a lição.
3. Siga os três Rs:

   – Respeito a si mesmo.

   – Respeito aos outros.

   – Responsabilidade por todas as suas ações.
4. Lembre-se que não conseguir o que você quer é algumas vezes um grande lance de sorte.
5. Aprenda as regras de maneira a saber quebrá-las da maneira mais apropriada.
6. Não deixe uma disputa por questões menores ferir um grande amigo.
7. Quando você perceber que cometeu um erro, tome providências imediatas para corrigi-lo.
8. Passe algum tempo sozinho todos os dias.
9. Abra seus braços para mudanças, sem abrir mão de seus valores.
10. Lembre-se que o silêncio é algumas vezes a melhor resposta.
11. Viva uma vida boa e honrada. Assim, quando você ficar mais velho e pensar no passado, poderá obter prazer uma segunda vez.

12. Uma atmosfera de amor em sua casa é o fundamento para sua vida.

13. Em discordâncias com entes queridos, trate o corrente. Não levante questões passadas.

14. Compartilhe o seu conhecimento. Esta é uma maneira de alcançar a imortalidade.

15. Seja gentil com a terra.

16. Uma vez por ano, vá a algum lugar em que você nunca esteve antes.

17. Lembre-se que o melhor relacionamento é aquele em que o amor mútuo excede o amor que cada um precisa do outro.

18. Julgue o seu sucesso por aquilo de que você teve que abrir mão para conseguí-lo.

19. Entregue-se total e irrestritamente ao amor e à cozinha.

Lençóis

Um casal recém-casado mudou-se para um bairro muito tranqüilo. Na primeira manhã na casa nova, quando tomavam café, a mulher reparou que a vizinha pendurava lençóis no varal. E ela comentou com o marido:

– Os lençóis que ela está pendurando estão sujos. Precisam de uma boa esfregada. Se eu tivesse intimidade perguntaria se ela quer uma aula de como se lava roupa!

O marido observou calado. Três dias depois, também durante o café da manhã, a vizinha pendurava lençóis no varal e novamente a mulher comentou:

– Nossa vizinha continua pendurando os lençóis sujos. Se tivesse intimidade perguntaria se ela quer eu ensine a lavar roupa!

E assim, a cada três dias, a mulher vinha com a mesma ladainha sempre que a vizinha pendurava suas roupas no varal. Um belo dia, a mulher se surpreendeu ao ver os lençóis muitos brancos, sendo estendidos e, empolgada, foi correndo dizer ao marido:

– Veja, ela finalmente aprendeu a lavar roupa! Será que foi a outra vizinha que ensinou? Porque eu não fiz nada!

– Não é isso, falou o marido, eu levantei mais cedo e lavei a vidraça aqui de casa.

E assim é. Tudo depende da janela através da qual observamos os fatos. Antes de criticar, verifique os seus próprios defeitos e limitações. Devemos, antes de tudo, olhar para a nossa própria casa, para dentro de nós mesmos. Só assim poderemos ter o real valor de nossos amigos. Lave as suas vidraças, abra a sua janela.

Milho Premiado

Esta é a história de um fazendeiro bem-sucedido.

Ano após ano, ele ganhava o troféu "Milho Gigante" da feira da agricultura do município.

Entrava com seu milho na feira e saía com a faixa azul recobrindo seu peito. E o seu milho era cada vez melhor.

Numa dessas ocasiões, um repórter de jornal, ao abordá-lo após a já tradicional colocação da faixa, ficou intrigado com a informação dada pelo entrevistado sobre como costumava cultivar seu qualificado e valioso produto.

O repórter descobriu que o fazendeiro compartilhava a semente do seu milho gigante com os vizinhos.

– "Como pode o Senhor dispor-se a compartilhar sua melhor semente com seus vizinhos quando eles estão competindo com o seu em cada ano?" – indagou o repórter.

O fazendeiro pensou por um instante e respondeu:

– "Você não sabe? O vento apanha o pólen do milho maduro e o leva através do vento de campo para campo. Se meus vizinhos cultivam milho inferior, a polinização degradará continuamente a qualidade do meu milho. Se eu quiser cultivar milho bom, eu tenho que ajudar meu vizinhos a cultivar milho bom".

Ele era atento às conectividades da vida.

O milho dele não poderia melhorar se o milho do vizinho também não tivesse a qualidade melhorada.

Assim é também em outras dimensões da nossa vida.

O Que a Vida nos Revela

Uma mensagem para animar o seu dia e fazê-lo mais feliz.

Talvez Deus queira que nós conheçamos algumas pessoas erradas antes de encontrar a pessoa certa para que saibamos, ao encontrá-la, agradecer por esta bênção.

Quando a porta da felicidade se fecha, outra porta se abre. Porém, estamos tão presos àquela porta fechada que não somos capazes de ver o novo caminho que se abriu.

O melhor amigo é aquele com quem nos sentamos por longas horas, sem dizer uma palavra e, ao deixá-lo, temos a impressão de que foi a melhor conversa que já tivemos.

Ao darmos a alguém todo o nosso amor nunca temos a certeza de que iremos receber este amor de volta. Não ame esperando algo em troca, espere para que este sentimento cresça no coração daquele que você ama. E se isto não ocorrer, esteja feliz por este sentimento estar crescendo em seu coração.

Em questão de segundos nos apaixonamos por alguém, mas levamos uma vida inteira para esquecer alguém especial.

Não busque boas aparências, elas podem mudar. Só precisamos de um sorriso para transformar um dia ruim. Encontre aquela pessoa que faça seu coração sorrir.

Há momentos na vida em que sentimos tanto a falta de alguém que o que mais queremos é tirar esta pessoa de nossos sonhos e abraçá-la.

Sonhe com aquilo que você quiser, vá para onde você queira ir, seja o que você quer ser, porque você apenas possui uma vida e nela só temos uma chance de fazer aquilo que queremos.

Tenha felicidade bastante para fazê-la doce, dificuldades para fazê-la forte, tristeza para fazê-la humana e esperança suficiente para fazê-la feliz.

As pessoas mais felizes não têm as melhores coisas. Elas sabem fazer o melhor das oportunidades que aparecem em seus caminhos.

A felicidade aparece para aqueles que choram, para aqueles que se machucam, para aqueles que buscam e tentam sempre e para aqueles que reconhecem a importância das pessoas que passam por suas vidas.

O futuro mais brilhante sempre estará baseado num passado esquecido; você só terá sucesso na vida quando esquecer os erros e as decepções do passado.

Quando você nasceu, você estava chorando e todas as pessoas ao seu redor estavam sorrindo.

E, o mais importante, viva na presença de Deus. Aproveite seu tempo agora para conhecê-lo e aprender quem Ele é e quem Ele quer que você seja enquanto você está aqui.

Obs.: Saibamos dar mais valor ao que se merece, do que às coisas fúteis. O sentimento lapidado é uma pedra preciosa, jamais esquecida, e que nunca se perde.

SEJA FELIZ.

Obrigado Senhor!

Obrigado Senhor,
pela tua presença em nossas vidas,
pelo teu amor que nos renova,
pela tua luz que ilumina nossos caminhos,
pela sabedoria com que conduz os nossos passos,
pela tua força que vem da nossa fé.

Obrigado Senhor,
pelo trabalho que realizamos,
pela verdade e pela paz que semeamos,
pelos frutos que colhemos,
pelos obstáculos que vencemos,
pelas pessoas que acolhemos.

Obrigado Senhor,
pelo perdão que oferecemos,
pelas vítimas que socorremos,
pelos doentes que visitamos,
pelas lágrimas que enxugamos,
pelos desamparados que ajudamos,
pelo pão que partilhamos.

Obrigado Senhor,
pela esperança que deixamos
nas famílias que visitamos,
nas amizades que fizemos,
nas vidas que partilhamos,
no amor de Deus, servindo aos irmãos.

Amém!

Oração ao Espírito Santo

Ó Espírito Santo,
Amor do Pai e do Filho.
Inspirai-me sempre
o que pensar,
o que dizer,
como o dizer,
o que calar,
o que escrever,
como agir,
o que fazer para obter
a vossa glória, o bem das pessoas
e minha própria santificação.

A Diferença Quem Faz É Você

Hoje, vou fazer uma diferença.
Começarei tornando meus
meus pensamentos.
Uma pessoa é fruto de seus pensamentos.
Quero ser feliz e viver em um mundo
ao qual todos desejamos pertencer.
Portanto, terei pensamentos
que me liguem ao mundo e aos meus semelhantes.
Recuso-me a ser vítima de minhas circunstâncias.

Hoje eu farei a diferença.

Serei grato pelas próximas 24 horas que me aguardam.
O tempo e a vida me são preciosos.
Recuso-me a permitir que o pouco tempo que tenho
Seja contaminado por autopiedade, ansiedade ou tédio.
Encaro este dia com a alegria e a curiosidade de uma criança,
a liberdade e a flexibilidade de um criador,
e a coragem e a dedicação de um amante incondicional.
Quando o amanhã vier,
hoje terá partido para sempre.
Enquanto hoje estiver aqui,
usarei o amor e a doação.
Hoje eu farei uma diferença.
Deixarei morrerem os fracassos do passado.
Não me assombrarão meus erros e derrotas.
Vejo-os. Reconheço-os.
E sigo com as aprendizagens que proporcionam.
Vitoriosamente.

Eu me permito errar.
Eu me permito cair.
Eu me permito fracassar.
Pois hoje é um dia depois do outro
E hoje eu mereço e sou capaz de me corrigir,
de me levantar e sair
vitorioso em minha humanidade.

Hoje farei uma diferença.

Darei meu tempo aos que amo,
fazendo-os presentes em meus projetos de vida,
de modo que, em tudo que faça,
Eu me tenha inteiro e apaixonadamente.
E o tempo que tiver com eles
será rico em atenção e afeto,
seja quanto tempo for.
Porque hoje eu só quero agradecer
a eles
Pelo amor.

Hoje
Quero
Posso
Mereço
e Farei
uma diferença.

A Importância do Perdão

O pequeno Zeca entra em casa, após a aula, batendo forte os seus pés no assoalho da casa. Seu pai, que estava indo para o quintal para fazer alguns serviços na horta, ao ver aquilo chama o menino para uma conversa.

Zeca, de oito anos de idade, o acompanha desconfiado. Antes que seu pai dissesse alguma coisa, fala irritado:

– Pai, estou com muita raiva. O Juca não deveria ter feito aquilo comigo. Desejo tudo de ruim para ele.

Seu pai, um homem simples mas cheio de sabedoria, escuta calmamente o filho que continua a reclamar:

– O Juca me humilhou na frente dos meus amigos. Não aceito. Gostaria que ele ficasse doente sem poder ir à escola.

O pai escuta tudo calado enquanto caminha até um abrigo onde guardava um saco cheio de carvão. Levou o saco até o fundo do quintal e o menino o acompanhou, calado. Zeca vê o saco ser aberto e, antes mesmo que ele pudesse fazer uma pergunta, o pai lhe propõe algo:

– Filho, faz de conta que aquela camisa branquinha que está secando no varal é o seu amiguinho Juca, e cada pedaço do carvão é um mau pensamento seu endereçado a ele. Quero que você jogue todo o carvão do saco na camisa, até o último pedaço. Depois eu volto para ver como ficou.

O menino achou que seria uma brincadeira divertida e pôs mãos à obra.

O varal com a camisa estava longe do menino e poucos pedaços acertavam o alvo.

Uma hora se passou e o menino terminou a tarefa.

O pai, que espiava tudo de longe, se aproxima do menino e lhe pergunta:

– Filho, como você está se sentindo agora?

– Estou cansado mas estou alegre porque acertei muitos pedaços de carvão na camisa.

O pai olhava para o menino, que fica sem entender a razão daquela brincadeira, e carinhoso lhe fala:

– Venha comigo até o meu quarto, quero lhe mostrar uma coisa.

O filho acompanha o pai até o quarto e é colocado na frente de um grande espelho onde pode ver o seu corpo todo.

Que susto! Zeca só conseguia enxergar seus dentes e olhinhos. O pai, então, lhe diz ternamente:

– Filho, você viu que a camisa quase não se sujou; mas, olhe só para você. O mal que desejamos aos outros é como o que lhe aconteceu.

Por mais que possamos atrapalhar a vida de alguém com nossos pensamentos, a borra, os resíduos, a fuligem ficam sempre em nós mesmos.

A Maneira de Dizer as Coisas

Uma sábia e conhecida anedota árabe diz que, certa feita, um sultão sonhou que havia perdido todos os dentes. Logo que despertou, mandou chamar um adivinho para que interpretasse seu sonho.

– Que desgraça, senhor! Exclamou o adivinho. Cada dente caído representa a perda de um parente de vossa majestade.

– Mas que insolente, gritou o sultão, enfurecido. Como te atreves a dizer-me semelhante coisa? Fora daqui!

Chamou os guardas e ordenou que lhe dessem cem açoites. Mandou que trouxessem outro adivinho e lhe contou sobre o sonho. Este, após ouvir o sultão com atenção, disse-lhe:

– Excelso senhor! Grande felicidade vos está reservada. O sonho significa que haveis de sobreviver a todos os vossos parentes.

A fisionomia do sultão iluminou-se num sorriso, e ele mandou dar cem moedas de ouro ao segundo adivinho. E quando este saía do palácio, um dos cortesãos lhe disse admirado:

– Não é possível! A interpretação que você fez foi a mesma que o seu colega havia feito. Não entendo por que ao primeiro ele pagou com cem açoites e, a você, com cem moedas de ouro.

– Lembra-te, meu amigo, respondeu o adivinho, que tudo depende da maneira de dizer...

Um dos grandes desafios da humanidade é aprender a arte de comunicar-se. Da comunicação depende, muitas vezes, a felicidade ou a desgraça, a paz ou a guerra. Que a verdade deve ser dita em qualquer situação, não resta dúvida. Mas a forma com que ela é comunicada é que tem provocado, em alguns casos, grandes problemas. A verdade pode ser comparada a uma pedra preciosa. Se a lançarmos no rosto de alguém pode ferir, provocando dor e revolta. Mas, se a envolvemos em delicada embalagem e a oferecemos com ternura, certamente será aceita com facilidade.

A Quem Pertence?

Perto de Tóquio vivia um grande samurai, já idoso, que se dedicava a ensinar zen aos jovens. Apesar de sua idade, corria a lenda de que ainda era capaz de derrotar qualquer adversário.

Certa tarde, um guerreiro conhecido por sua total falta de escrúpulos apareceu por ali. Queria derrotar o samurai e aumentar sua fama.

O velho aceitou o desafio e o jovem começou a insultá-lo. Chutou algumas pedras em sua direção, cuspiu em seu rosto, gritou insultos, ofendeu seus ancestrais. Durante horas fez tudo para provocá-lo, mas o velho permaneceu impassível.

No final da tarde, sentindo-se já exausto e humilhado, o impetuoso guerreiro retirou-se. Desapontados, os alunos perguntaram ao mestre como ele pudera suportar tanta indignidade.

– Se alguém chega até você com um presente, e você não o aceita, a quem pertence o presente?

– A quem tentou entregá-lo, respondeu um dos discípulos.

– O mesmo vale para a inveja, a raiva e os insultos. Quando não são aceitos, continuam pertencendo a quem os carregava consigo.

A sua paz interior depende exclusivamente de você.

As pessoas não podem lhe tirar a calma.

Só se você permitir...

ABC Descomplicado

Abra os olhos para ver as coisas como realmente são.

Basta apenas acreditar em você mesmo.

Considere as coisas por vários ângulos.

Desistir é palavra que deve ser riscada do vocabulário.

Entenda a si mesmo para entender melhor seus semelhantes.

Família e amigos são tesouros escondidos, procure encontrá-los e desfrutar de suas riquezas.

Ganha mais quem faz e doa mais do que planejou.

Hoje aproveite a vida. O ontem já passou e o amanhã pode nunca chegar.

Ignore aqueles que tentam te desencorajar.

Já chegou a hora de agir. Faça agora. Aja!!!

Know-how, novas técnicas e preparo são fundamentais.

Leia, estude e aprenda sobre tudo o que é importante na sua vida.

Mais do que tudo, queira seus sonhos.

Nunca minta, trapaceie ou roube enquanto persegue uma boa meta.

Obtenha mais paz e harmonia evitando fontes, pessoas, lugares, coisas e hábitos negativos.

Prática leva à perfeição.

Quem desiste nunca vence e os vencedores nunca desistem.

Ressalte e defina seus objetivos e vá em direção a eles.

Sonhos são a matéria-prima de qualquer realização. Apegue-se a eles.

Tome e assuma o controle de seu próprio destino.

Uma boa atitude positiva deve ser preservada sempre.

Visualize o que você quer.

Watts: Ponha energia em sua vida. Acelere seus esforços e faça acontecer.

Xis: o "x" da questão é: Você é uma criação única de Deus, nada nem ninguém pode substituir você.

Zele por sua auto-estima. Ame-se cada vez mais.

Aprendendo a Viver

Aprendi que se aprende errando
Que crescer não significa fazer aniversário
Que o silêncio é a melhor resposta, quando se ouve uma bobagem

Que trabalhar significa não só ganhar dinheiro
Que amigos a gente conquista mostrando o que somos
Que os verdadeiros amigos sempre ficam com você até o fim
Que a maldade se esconde atrás de uma bela face
Que não se espera a felicidade chegar, mas se procura por ela
Que quando penso saber de tudo ainda não aprendi nada
Que a Natureza é a coisa mais bela na Vida
Que amar significa dar-se por inteiro
Que um só dia pode ser mais importante que muitos anos
Que se pode conversar com estrelas
Que se pode confessar com a Lua
Que se pode viajar além do infinito
Que ouvir uma palavra de carinho faz bem à saúde

Que dar um carinho também faz...
Que sonhar é preciso
Que se deve ser criança a vida toda
Que nosso ser é livre
Que Deus não proíbe nada em nome do amor
Que o julgamento alheio não é importante
Que o que realmente importa é a Paz interior
E finalmente aprendi que não se pode morrer,
pra se aprender a viver...

Aqui Está Uma Outra Maneira de Olhar Para Isto

Harry Palmer

As crenças que você sustenta, sejam escolhidas deliberadamente ou doutrinadas, criam um modelo para interpretar e estruturar a realidade. Esse modelo é, algumas vezes, chamado realidade pessoal, paradigma. Normalmente chamamos isso de seu ponto de vista.

Se você quer dar uma olhada ampla na consciência, vai descobrir que ela consiste de ponto de vista e habilidade contínua para raciocinar (significando observar, integrar, predizer e agir).

Uma das coisas extraordinárias que você descobre é que, quando você muda o seu ponto de vista, a habilidade contínua para raciocinar também muda.

O ponto de vista determina como você vê o mundo e como você vê a si mesmo. Não gostar de alguma coisa é um ponto de vista. Mesmo quando você sente que sua opinião é solidamente fundamentada, ainda existe essa pequena suspeita de que talvez outra pessoa possa sentir de outra maneira (Naturalmente, você está certo e eles estão errados).

Proteger um ponto de vista é uma recusa em ver alguma coisa de uma certa maneira. Você já ouviu dizer: "Todos têm direito ao seu próprio ponto de vista" ou "eu não vou mudar o meu ponto de vista só porque você discorda?". Sim, esses também são pontos de vista – pontos de vista fixos.

Quando as pessoas se trancam em certos pontos de vista, elas se trancam fora de outros pontos de vista. Quando elas limitam como elas estão dispostas a olhar para alguma coisa, elas também limitam a habilidade de observar, integrar, predizer e agir. A habilidade delas de se relacionar com os outros é limitada. A habilidade delas em lidar com a vida é limitada. A habilidade delas em lidar com mudanças é limitada.

Algumas vezes uma pequena coisa como mostrar a alguém como mudar, deliberadamente, um ponto de vista, sem ficar atônito, pode produzir uma notável recuperação do entusiasmo dele ou dela pela vida. Problemas desaparecem e oportunidades aparecem. Um ato simples que tem conseqüências mágicas.

Quanta escolha você teve em escolher o seu ponto de vista atual? Provavelmente não tanto quanto você deveria ter tido.

Essa é uma das primeiras coisas a consertar. Isso recupera a sua escolha. Isso permite a você testar pontos de vista diferentes sem ter que aceitá-los. Você pode notar que, depois de testar vários pontos de vista diferentes, existem um ou dois aos quais você volta só porque os acha interessantes e gosta da sensação.

Invariavelmente, o ponto de vista que você decide ter depois de ampla exploração é mais flexível, responsável e com mais compaixão que qualquer ponto de vista doutrinado que tenha sido empurrado em você, seja por bandidos na floresta ou diáconos locais.

Refletir sobre diferentes pontos de vista é o que nos torna civilizados, e quanto mais refletimos, mais tolerante e compreensivo é o ponto de vista que nós escolhemos, deliberadamente, aceitar e olhar para o mundo a partir dele.

Como Você Chegou ao seu Ponto de Vista?

A mais baixa forma de consciência é o instinto. O instinto tem três preocupações básicas: Posso comer isso? Isso vai me comer? Posso me acasalar com isso?

As respostas a essas três perguntas determinarão se um organismo vai se relacionar dominantemente, submissivamente ou indiferentemente. Dominação nem sempre é mostrada pela força física. Às vezes é fantasiada, às vezes controlada pela voz, às vezes mostrada por um exemplo. Às vezes é um diploma pendurado na parede. Ela pode ter muitas formas. Quando uma doutrina é ensinada a partir de uma atitude de dominação, a intenção é doutrinar um ponto de vista no estudante. Pontos de vista doutrinados são freqüentemente invisíveis ao ser que é forçado a usá-los. Sendo invisíveis, eles não podem ser mudados ou removidos facilmente e ainda assim eles determinam como o ser vai raciocinar.

Se isso se parece com lavagem cerebral social, você está certo.

Doutrinação é dominar alguém com crenças... comer a mente. Alguns de vocês vão descobrir que suas mentes foram mastigadas como ossos velhos. Existem tantas cicatrizes e remendos que é de se admirar que ela ainda funcione.

Pontos de vista doutrinados funcionam por um curto tempo mas, assim que mudam as circunstâncias do mundo, como sempre acontece, pontos de vista doutrinados se tornam estudos de estupidez.

Algumas vezes pontos de vista doutrinados são presos em algum lugar por emoções dolorosas. Nem sempre é fácil se livrar deles, mas, até que você o faça, eles vão diminuir sua apreciação e compreensão da vida. Doutrinações superadas, confundidas com idéias de dominação e submissão, são as principais causas do sofrimento humano.

Ensinar alguém a ser flexível em um ponto de vista e a raciocinar de ângulos diferentes é sempre melhor para a pessoa, do que doutriná-la, sempre!

Isso envolve mais trabalho e uma paciência muito maior, mas no final você vai ter um ser tolerante, cheio de compaixão, que pode raciocinar.

As Crenças Que Você Sustenta, Sejam Escolhidas Deliberadamente ou Doutrinadas, Criam Um Modelo Para Interpretar e Estruturar a Realidade.

Bem Viver

1. DOMINE a língua. Diga sempre menos do que pensa. Cultive uma voz baixa e suave. O modo de falar impressiona mais do que o que se fala.

2. PENSE antes de fazer uma promessa e depois não a quebre, nem dê importância ao quanto lhe custa cumpri-la.

3. NUNCA deixe passar uma oportunidade para dizer uma coisa meiga e animadora a uma pessoa ou a respeito dela.

4. TENHA interesse nos outros. Em suas ocupações, em seu bem-estar, seus lares e família. Seja sempre alegre com os que riem e lamente com os que choram. Aja de tal maneira que as pessoas com quem se encontrar sintam que você lhes dispensa atenção e lhes dá importância.

5. SEJA alegre. Conserve para cima os cantos da boca. Esconda sua dores, desapontamentos e inquietações sob um sorriso.

6. CONSERVE a mente aberta para todas as questões de discussão. Investigue, mas não argumente. É próprio das grandes mentalidades discordar e, ainda assim, conservar a amizade do seu oponente.

7. DEIXE as suas virtudes falarem por si mesmas e recuse-se a falar das faltas e fraquezas dos outros. Condene os murmúrios. Faça uma regra de falar só coisas boas dos outros.

8. TENHA cuidado com os sentimentos dos outros. Gracejos e críticas não valem a pena e freqüentemente magoam quando menos se espera.

9. NÃO faça questão das observações más a seu respeito. Viva de modo que ninguém acredite nelas.

10. NÃO seja excessivamente zeloso dos seus direitos. Trabalhe, tenha paciência, conserve-se calmo. Esqueça-se de si mesmo e receberá a recompensa.

Diretrizes Para o Ser Humano

Você receberá um corpo físico.

Você pode amá-lo ou detestá-lo, mas ele será seu ao longo de toda a sua existência.

Você receberá lições.

Você estará matriculado na escola da vida em período integral.

Você terá oportunidades para aprender a cada dia que passa.

Você poderá usar estas oportunidades ou deixá-las passar simplesmente.

Não há erros, apenas lições.

O crescimento é resultado de um processo de tentativa e erro: uma experimentação.

Os experimentos fracassados são parte do processo tanto quanto os experimentos que funcionam.

Uma lição se repetirá até que tenha sido aprendida.

Esta lição será apresentada a você sob várias formas até que você a tenha aprendido. Quando conseguir isso, poderá então passar para a próxima lição.

Aprender lições é um processo interminável.

Não há nenhum evento na vida que não contenha uma lição.

Se você está vivo, sempre haverá uma lição para aprender.

Lá não é melhor que aqui. Quando o seu lá se transformar em aqui, você apenas estará obtendo outro lá que, mais uma vez, parecerá melhor que aqui.

Os outros são apenas espelhos da sua própria imagem.

Você não pode amar ou detestar alguma coisa em outra pessoa sem que isso reflita alguma coisa que você ama ou detesta em si mesmo.

É você quem escolhe o que quer fazer da sua vida.

Você tem todas as ferramentas e recursos de que precisa.

O que faz com eles é problema seu.

A escolha é sua.

As respostas estão dentro de você.

As respostas às questões da vida estão dentro de você.

Tudo que você tem a fazer é prestar atenção, ouvir e confiar.

Ensinamentos

Um dia, um pai, grande empresário, de família muitíssimo rica, levou seu filho de seis anos para viajar até um lugarejo com o firme propósito de mostrar ao menino como é que pessoas tão pobres podem viver em um mundo, onde só ricos e poderosos têm vez e voz.

Passaram dois dias e duas noites no sítio de uma família muito pobrezinha...

Quando retornaram da viagem, o pai perguntou ao filho:

– E aí filhão, como foi a viagem para você?

– Muito boa, papai, respondeu o pequeno.

– Você viu, filho, como as pessoas pobres podem ser? Não sei como é que existe gente assim no mundo não é, filhão?

– Sim, pai, retrucou o filho, pensativamente.

– E o que você aprendeu, com tudo o que viu nesses dias, naquele lugar tão pobre?

O menino respondeu:

– É, pai, eu vi que nós temos só um cachorro em casa, e eles têm quatro.

– Nós temos uma piscina que alcança o meio do jardim; eles têm um riacho que não tem fim.

– Nós temos uma varanda coberta e iluminada com florescentes e eles têm as estrelas e a lua no céu.

– Nosso quintal vai até o portão de entrada e eles têm uma floresta inteira.

– Nós temos alguns canários que por cima de tudo vivem presos em uma gaiola e eles têm todas as aves que a natureza pode oferecer-lhes, soltas!

– Nossa comida é toda industrializada e na maioria das vezes congelada. A deles é pescada no riacho, colhida na horta ou pegam no terreiro; enfim, papai, a alimentação deles é saudável, enquanto que a nossa não.

– E além do mais, papai, observei que eles rezam antes de qualquer refeição, enquanto que nós aqui em casa sentamos à mesa falando de etiquetas, negócios, cotação do dólar, eventos sociais, comemos, empurramos o prato e pronto!

– No quarto onde fui dormir com o Tonho, passei vergonha pois não sabia sequer orar, enquanto que ele se ajoelhou e orou agradecendo a Deus tudo, inclusive a nossa visita na casa deles; e nós, aqui em casa, vamos para o quarto, deitamos, assistimos televisão e dormimos.

– Outra coisa, papai, dormi na rede do Tonho, enquanto que ele dormiu no chão, pois não havia uma rede para cada um de nós, enquanto que aqui na nossa casa colocamos a Maristela, nossa empregada, para dormir naquele quarto onde guardamos entulhos, coitada, sem nenhum conforto, ao passo que temos camas macias e cheirosas sobrando, mas fazer o que não é, pai, se elas são só para aqueles hóspedes chatos e gananciosos que sempre vêm nos visitar?

Conforme o pequeno garoto falava, seu pai ficava estupefato, sem graça, envergonhado. E o filho, na sua sábia ingenuidade e no seu brilhante desabafo, levantou-se, abraçou o pai e ainda acrescentou:

– Obrigado, papai, por me haver mostrado o quanto "pobres e mesquinhos" nós somos!

Tudo o que você tem depende da maneira como você olha, da maneira como você valoriza.

Se você tem amor, amigos, família, saúde, bom humor, honradez, sobrevive nesta vida com dignidade, tem atitudes positivas, partilha com benevolência as coisas que você ganhou de Deus, você tem tudo! Porém, se você é egoísta e "pobre de espírito", não tem nada!!!

Pense Nisso!

Girassol

Nossos olhos são seletivos, nós "focalizamos" o que queremos ver e deixamos de ver o restante (ponto cego).

Escolha focalizar o lado melhor, mais bonito, mais vibrante das coisas, assim como um girassol escolhe sempre estar virado para o sol!

Você já reparou como é fácil ficar baixo astral? "Estou baixo astral porque está chovendo, porque tenho uma conta para pagar, porque não tenho exatamente o dinheiro ou aparência que eu gostaria de ter, porque ainda não fui valorizado, porque ainda não encontrei o amor da minha vida, porque a pessoa que quero não me quer, porque..."

É fácil, muito fácil, porque sempre vai ter alguma coisinha para nos contrariar. É claro que tem hora em que a gente não está bem. Faz parte da vida. Mas a nossa atitude deveria ser a de uma antena que procura, ao máximo possível, pegar o lado bom da vida. Na natureza, nós temos uma antena que é assim. O girassol. O girassol se volta para onde o sol estiver. Mesmo que o sol esteja escondido atrás de uma nuvem. Temos que ser assim, aprender a realçar o que de bom recebemos. Aprender a ampliar pequenos gestos positivos e transformá-los em grandes acontecimentos.

Você quer um exemplo? Já ajudou alguém em alguma coisa que você considerasse muito simples? Algo como explicar uma matéria, fazer um pequeno favor, dar um elogio merecido? Algo assim que não custou quase nada e a outra pessoa ficou feliz? Já? Não? Mas você soube aproveitar este momento? Gravou no seu coração a expressão alegre da outra pessoa por alguma coisa que você fez? Pense nisso. Pense se você soube realmente extrair a beleza daquele momento...

O ser humano precisa de beleza.

Não estamos falando da beleza externa, dos padrões de beleza, estamos falando da beleza como um todo. E, principalmente, da beleza que reside dentro das coisas, das pessoas e até mesmo dentro dos nossos olhos. Porque a beleza que já vive dentro de nós é a que vai reconhecer a beleza em todos os outros lugares, você sabia disso? Se não tivéssemos referencial de beleza, não saberíamos reconhecê-la. Por que não?

Imagine que você só conhecesse o bem. Você não saberia reconhecer o mal.

Para reconhecer a beleza, portanto, é preciso carregar um pouco dela consigo, dentro dos olhos, dentro do coração. Temos de treinar para ser girassol, que busca o sol, a vitalidade, a forca, a beleza.

Suponhamos que você já soubesse que iria viajar para um lugar muito bonito. O lugar já é bonito, e mesmo que você não soubesse disso ele já iria te surpreender, certo?

Mas faz diferença a expectativa com que você vai. Verá mais os detalhes, aproveitará melhor o momento único que saberá que está vivendo, seja este lugar uma linda montanha cheia de neve ou um misterioso e vivo oceano onde você estivesse mergulhando.

Por que só nos preparamos para as viagens e não para a vida, que é uma viagem?

No nosso dia-a-dia, há muitos momentos de beleza e tínhamos de aprender a parar para vê-los, para apreciá-los. Apreciar o amor profundo que alguém em um determinado momento dirige a você. Apreciar um sorriso luminoso de alegria de alguém de quem você gosta. Apreciar uma palavra amiga, que vem soar reconfortante, reanimadora. Apreciar a festividade, a alegria, a risada. E quando estivéssemos voltando a ficar mal-humorados, tristonhos, desanimados, revoltados, que pudéssemos nos lembrar de novo de sermos girassóis. Como quem acorda de um sono equivocado. Porque é um equívoco passar dias sem ver a beleza da vida. E quando não vemos, veja que triste, deixamos de investir nela, de construí-la, também.

Lembre-se do seguinte: há um vasto mundo para ser enxergado, ouvido, sentido. Selecione o melhor deste mundo, valorize tudo o que de bonito e bom haja nele e retenha isto dentro de você. É este o segredo de quem consegue manter um alto grau de vitalidade interna!

Mensagem de Pai Para Filho

"Eu lhe dei a vida,
mas não posso vivê-la por você.
Eu posso mostrar-lhe caminhos,
mas não posso estar neles para liderar você.
Eu posso levá-lo à Igreja,
mas não posso fazer com que tenha fé.
Eu posso mostrar-lhe a diferença entre o certo e o errado,
mas não posso sempre decidir por você.
Eu posso lhe comprar roupas bonitas,
mas não posso fazê-lo bonito por dentro.
Eu posso lhe dar conselho,
mas não posso segui-lo por você.
Eu posso ensiná-lo a compartilhar,
mas não posso fazê-lo generoso.
Eu posso ensinar-lhe o respeito,
mas não posso forçá-lo a respeitar.
Eu posso alertá-lo sobre sexo seguro,
mas não posso mantê-lo puro.
Eu posso informá-lo sobre álcool e drogas,
mas não posso dizer 'não' por você.
Eu posso ensiná-lo sobre a gentileza,
mas não posso forçá-lo a ser gentil.
Eu posso rezar por você,
mas não posso impor-lhe Deus.
Eu posso falar-lhe da vida,
mas não posso dar-lhe vida eterna.
Eu posso dar-lhe amor incondicional por toda a minha existência.
E isso eu farei..."

Mude

Clarice Lispector

"Mude, mas comece devagar porque a direção é mais importante que a velocidade.

Sente-se em outra cadeira, no outro lado da mesa. Mais tarde, mude de mesa.

Quando sair, procure andar pelo outro lado da rua. Depois, mude de caminho, ande por outras ruas, calmamente, observando com atenção os lugares por onde você passa.

Tome outros ônibus. Mude por uns tempos o estilo das roupas. Dê os seus sapatos velhos.

Procure andar descalço alguns dias.

Tire uma tarde inteira para passear livremente na praia, ou no parque, e ouvir o canto dos passarinhos.

Veja o mundo de outras perspectivas. Abra e feche as gavetas e portas com a mão esquerda.

Durma no outro lado da cama... depois, procure dormir em outras camas.

Assista a outros programas de TV, compre outros jornais... leia outros livros.

Viva outros romances. Não faça do hábito um estilo de vida. Ame a novidade. Durma mais tarde. Durma mais cedo.

Aprenda uma palavra nova por dia numa outra língua. Corrija a postura. Coma um pouco menos, escolha comidas diferentes, novos temperos, novas cores, novas delícias.

Tente o novo todo dia. O novo lado, o novo método, o novo sabor, o novo jeito, o novo prazer, o novo amor, a nova vida.

Tente.

Busque novos amigos. Tente novos amores. Faça novas relações.

Almoce em outros locais, vá a outros restaurantes, tome outro tipo de bebida, compre pão em outra padaria. Almoce mais cedo, jante mais tarde ou vice-versa.

Escolha outro mercado... outra marca de sabonete, outro creme dental... tome banho em novos horários.

Use canetas de outras cores. Vá passear em outros lugares. Ame muito, cada vez mais, de modos diferentes.

Troque de bolsa, de carteira, de malas, troque de carro, compre novos óculos, escreva outras poesias. Jogue os velhos relógios, quebre delicadamente esses horrorosos despertadores.

Abra conta em outro banco. Vá a outros cinemas, outros cabeleireiros, outros teatros, visite novos museus.

Mude.

Lembre-se de que a Vida é uma só. E pense seriamente em arrumar um outro emprego, uma nova ocupação, um trabalho mais light, mais prazeroso, mais digno, mais humano.

Se você não encontrar razões para ser livre, invente-as. Seja criativo.

E aproveite para fazer uma viagem despretensiosa, longa, se possível sem destino.

Experimente coisas novas. Troque novamente. Mude, de novo. Experimente outra vez. Você certamente conhecerá coisas melhores e coisas piores do que as já conhecidas, mas não é isso o que importa. O mais importante é a mudança, o movimento, o dinamismo, a energia.

Só o que está morto não muda! Repito por pura alegria de viver: a salvação é pelo risco, sem o qual a vida não vale a pena!!!"

Oceanos São Feitos de Gotas d'Água

Para ser ouvido, fale.

Para ser compreendido, exponha claramente as suas idéias sem jamais abrir mão daquelas que julga fundamentais apenas para que os outros o aceitem.

Acima de tudo, busque o prazer antes do sucesso, a auto-realização antes do dinheiro, fazer bem feito antes de pensar em obter qualquer recompensa.

Nenhum reconhecimento externo vai substituir a alegria de poder ser você mesmo: "status" é comprar coisas que você não quer com o dinheiro que você não tem a fim de mostrar para gente que você não gosta uma pessoa que você não é.

Nada tem graça se não for bom para o seu corpo, leve para o seu espírito e agradável para o seu coração.

Para conseguir, tente sem pensar que o êxito virá logo da primeira vez.

Cuide de ter saúde, energia, paciência e determinação para continuar tentando quantas vezes forem necessárias.

Mas ao perceber que já fez tudo o que pôde – ou até mesmo um pouco além – mude de alvo para não se tornar, em vez de um vitorioso, apenas mais um teimoso.

Para poder recomeçar sempre, perdoe-se pelos fracassos e erros que cometer, aprenda com eles e, a partir deles, programe suas próximas ações.

Nunca se deixe iludir de que será possível fazer tudo num dia só ou quando tiver todos os recursos: tal dia nunca virá.

Para manter-se motivado, sonhe.

Para realizar, planeje, pensando grande e fazendo pequeno, um pouco a cada dia e todos os dias um pouco, porque são pequenas gotas d'água que fazem o todo grande oceano.

Provérbio Persa

Soren Kierkegaard (1813-1855)

Crie firmeza interior.
Não se abale com os acontecimentos.

Fique acima dos problemas.

Desenvolva pensamentos resistentes.

Convença-se de que os problemas existem
para o seu aperfeiçoamento.

E que todos são resolvidos por você
de uma forma ou de outra.

Acredite no poder que Deus colocou dentro de você.

Essa é a chave que abre todas as portas do êxito.

Daí vem a firmeza.

Uma firmeza maior nasce da sua perfeita compreensão
de que Deus é amor puro.

A vida só pode ser compreendida olhando-se para trás,
mas só pode ser vivida olhando-se para frente.

Ser (E Não Estar)

No primeiro dia de aula nosso professor se apresentou aos alunos e nos desafiou a que nos apresentássemos a alguém que não conhecêssemos ainda.

Eu fiquei em pé para olhar ao redor quando uma mão suave tocou meu ombro. Eu olhei para trás e vi uma pequena senhora, velhinha e enrugada, sorrindo radiante para mim, com um sorriso que iluminava todo o seu ser.

Ela disse: "Ei, bonitão. Meu nome é Rosa. Eu tenho oitenta e sete anos de idade. Posso te dar um abraço?"

Eu ri, e respondi entusiasticamente:

– "É claro que pode!" e ela me deu um gigantesco apertão. "Por que você está na faculdade em tão tenra e inocente idade?" perguntei.

Ela respondeu brincalhona:

– "Estou aqui para encontrar um marido rico, casar, ter um casal de filhos, e então me aposentar e viajar".

– "Está brincando", eu disse. Eu estava curioso em saber o que a havia motivado a entrar neste desafio com a sua idade. E ela disse:

– "Eu sempre sonhei em ter um estudo universitário, e agora estou tendo um!"

Após a aula, nós caminhamos para o prédio da união dos estudantes, e dividimos um "milk-shake" de chocolate. Tornamo-nos amigos, instantaneamente. Todos os dias nos próximos três meses nós teríamos aula juntos e falaríamos sem parar. Eu ficava sempre extasiado ouvindo aquela "máquina do tempo" compartilhar sua experiência e sabedoria comigo.

No decurso de um ano, Rose tornou-se um ícone no campus universitário, e fazia amigos facilmente, onde quer que fosse. Ela adorava vestir-se bem, e revelava-se na atenção que lhe davam os outros estudantes. Ela estava curtindo a vida! No fim do semestre nós convidamos Rosa para falar no nosso banquete de futebol. Jamais esquecerei do que ela nos ensinou. Ela foi apresentada e se aproximou do podium. Quando ela começou a ler a sua fala preparada, deixou cair três das cinco folhas no chão. Frustrada e um pouco embaraçada, ela pegou o microfone e disse simplesmente:

– "Desculpem-me, eu estou tão nervosa! Parei de beber por causa da Quaresma, e este uísque está me matando! Eu nunca conseguirei colocar meus papéis em ordem de novo, então me deixem apenas falar para vocês sobre aquilo que eu sei". Enquanto nós ríamos, ela limpou sua garganta e começou:

"Nós não paramos de jogar porque ficamos velhos; nós nos tornamos velhos porque paramos de jogar.

Existem somente quatro segredos para continuarmos jovens, felizes e conseguindo sucesso.

Você precisa rir e encontrar humor em cada dia.

Você precisa ter um sonho. Quando você perde seus sonhos, você morre. Nós temos tantas pessoas caminhando por aí que estão mortas e nem desconfiam!

Há uma enorme diferença entre ficar velho e crescer. Se você tem dezenove anos de idade e ficar deitado na cama por um ano inteiro, sem fazer nada de produtivo, ficará com vinte anos. Se eu tenho oitenta e sete anos e ficar na cama por um ano e não fizer coisa alguma, ficarei com oitenta e oito anos. Qualquer um consegue ficar mais velho. Isso não exige talento nem habilidade. A idéia é crescer através da vida e sempre encontrar a oportunidade na novidade.

Não tenha remorsos. Os velhos geralmente não se arrependem por aquilo que fizeram, mas sim por aquelas coisas que deixaram de fazer. As únicas pessoas que têm medo da morte são aquelas que têm remorsos".

Ela concluiu seu discurso cantando corajosamente "A Rosa". Ela desafiou à cada um de nós a estudar a poesia e vê-la em nossa vida diária. No fim do ano Rosa terminou o último ano da faculdade que começou há todos aqueles anos atrás. Uma semana depois da formatura, Rosa morreu tranqüilamente em seu sono. Mais de dois mil alunos da faculdade foram ao seu funeral, em tributo à maravilhosa mulher que ensinou, através de exemplo, que nunca é tarde demais para ser tudo aquilo que você pode provavelmente ser.

LEMBRE-SE: FICAR VELHO É OBRIGATÓRIO.
CRESCER É OPCIONAL.

Uma Família Muito Especial

Oi, muito prazer. Meu nome é Felicidade. Faço parte da vida daqueles que têm amigos, pois ter amigos é ser Feliz. Faço parte da vida daqueles que vivem cercados por pessoas como você, pois viver assim é ser Feliz! Faço parte da vida daqueles que acreditam que ontem é passado, amanhã é futuro e hoje é uma dádiva, por isso chamado presente. Faço parte da vida daqueles que acreditam na força do Amor, que acreditam que para uma história bonita não há ponto final. Sou casada, sabiam? Sou casada com o Tempo. Ah! O meu marido é lindo! Ele é responsável pela resolução de todos os problemas, constrói corações, cura machucados, vence a tristeza... Juntos Eu e o Tempo tivemos três filhos: a Amizade, a Sabedoria e o Amor.

A Amizade é a filha mais velha. Uma menina linda, sincera, alegre. A Amizade brilha como o sol. A Amizade une as pessoas, pretende nunca ferir, sempre consolar.

A do meio é a Sabedoria. Culta e íntegra, sempre foi mais apegada ao Pai, o Tempo.

A Sabedoria e o Tempo andam sempre juntos!

O caçula é o Amor. Ah! Como esse me dá trabalho! É teimoso. Às vezes, só quer morar em um lugar... Eu vivo dizendo: Amor, você foi feito para morar em dois corações, não em apenas um. O Amor é complexo, mas é lindo, muito lindo. Quando ele começa a fazer estragos, eu chamo logo o pai dele, o Tempo. E, aí, o Tempo sai fechando todas as feridas que o Amor abriu!

Uma das pessoas mais importantes me ensinou uma coisa: tudo no final sempre dá certo; se ainda não deu, é porque não chegou ao fim. Por isso, acredite sempre na minha Família. Acredite no Tempo, na Amizade, na Sabedoria e, principalmente, no Amor.

Aí, quem sabe um dia Eu, Felicidade, não bato na sua porta?!

Nelson Mandella – 1994

Nosso medo mais profundo não é de ser inadequado.

Nosso medo mais profundo é de sermos poderosos além da medida.

É nossa luz, não nossa escuridão, o que mais nos assusta.

Nós nos perguntamos: "Quem sou eu para ser brilhante, interessante, talentoso e fabuloso?"

Na realidade, quem é você para não ser?

Você é um filho de Deus. Você fazer o papel de pequeno não serve ao mundo.

Não tem nada de iluminador em se encolher de forma que outras pessoas a sua volta se sintam inseguras. Nós nascemos para manifestar a glória de Deus que está dentro de nós. E não está só em alguns de nós, está em todo mundo.

E, quando deixamos a nossa própria luz brilhar, inconscientemente, damos a outras pessoas permissão para fazerem o mesmo.

Quando a gente se liberta dos próprios medos, nossa presença, automaticamente, liberta os outros.

Olhando Para Trás, Movendo-se Para Frente!

Se você pudesse viver sua vida novamente, imagine todos os erros, dificuldades e situações negativas que teria evitado. O conhecimento que você tem agora seria uma enorme vantagem para viver as experiências do passado.

Entretanto, você não pode viver a sua vida passada e nem deve querer isto.

Há coisas muito mais importantes para fazer. O conhecimento que você tem agora o faz ver que não há nenhuma razão no mundo para guardar os desapontamentos. Veja que cada erro, cada desapontamento, cada palavra errada, cada problema, já é passado.

Entretanto, você vê que eles fizeram o que você é agora. Veja, mesmo que de forma dolorosa, que estas dificuldades o ajudaram a crescer em sabedoria, vigor e espírito.

E agora é a hora ideal para, simplesmente, deixar ir embora toda a energia negativa que está carregando, não deixando que ela o carregue. Deixe-se livre, abandone o negativismo no passado e libere a enorme energia positiva adquirida em suas experiências para movê-lo para frente.

Modelando o Interior

José Carlos Reyes

Já era alta manhã. O sol prestes a chegar ao topo do céu assinalando a hora da chegada da segunda metade do dia. Suas pernas pediam licença para parar e, a qualquer momento, as forças já não responderiam ao seu desejo de seguir em frente. O homem, que não chegava aos trinta anos de idade, arrastava o seu corpo apressado continuando a estrada, uma alameda sob árvores abraçadas. Caminhava e seguia a caminhar. Tinha seu olhar fixo e uma certeza concreta: Esse era o seu destino. Somente depois de muitas horas, ao perceber o seu desgaste, ele pôde gozar as sombras, já que havia andado toda aquela manhã com o peso do sol sobre os ombros.

Chegou a um pequeno povoado e muitos dos habitantes o observavam. Há muito por ali não aparecia um visitante. Era um homem torcido, de pernas cansadas, ombros encolhidos, braços artríticos e com uma característica que muito o definia: tinha um cansaço peculiar em suas palavras e o silêncio de alguém que se expressava sempre igual, qualquer que fosse a resposta ou pergunta. Seguia avançando sem se importar com os olhares curiosos de toda a gente. Quase na saída do povoado perguntou a um campesino aonde se localizava a montanha negra. Todos o fitaram desconfiados, mas em seguida lhe assinalaram a direção a seguir. Apesar da figura sinistra, seu olhar inspirava confiança. Ele seguiu, assim como lhe informaram, sem parar nem por um minuto.

A noite já havia caído e, mesmo sem ser amante das estrelas, estas o acompanhavam e o iluminavam todo o tempo. Ele, só, contemplava seu próprio caminho. Seguiu com passos noturnos sua travessia, subiu a montanha e, finalmente, ao estar frente àquela grande porta, pôde descansar um pouco. Deixou que o vento frio da colina tocasse seu rosto e, já reanimado do cansaço, bateu à porta. Essa era a morada de seu futuro mestre. O silêncio acompanhava o seu suspiro, sua respiração se misturava com a brisa gelada. A lamparina dentro da casa se acendeu neste instante e, da janela ao lado da porta, pôde sentir, claramente, que alguém o observava. Seus olhares se cruzaram pelo vidro e o mestre aproximou-se para abrir-lhe a porta. Acreditando estar frente à frente com suas respostas, o homem foi tomado por uma alegria quase infantil e, com a pressa de quem já esperou muito para entender, olhou para o mestre e lançou suas palavras:

– "Mestre, todo o território está contente com o que fabricas, todos se perguntam qual é a magia utilizada para compor tuas panelas e caldeirões de barro, tuas cerâmicas, teus pratos e teus utensílios. Teus trabalhos são leves como flores de primavera e, ao mesmo tempo, fortes como o jacarandá. És tu o melhor dos melhores. Humildemente, venho para que me ensines a trabalhar com o barro".

O mestre, durante alguns segundos, o observou. Percebeu suas pernas torcidas, suas mãos artríticas, o cansaço em seus olhos e, logo em seguida, exclamou:

– "Pois bem, acompanhe-me aos fundos da casa. Encherei a carreta com um grande bloco do meu melhor barro e nos dirigiremos para o lugar no qual tu aprenderás meu ofício". E, assim, sem esperar mais tempo, nem sequer a chegada do amanhecer e nem ao menos recolher uma boa quantidade de provisões, partiram rumo à lagoa.

Parecia peculiar na vida do mestre fazer essa obra já que nem ao menos perguntou ao forasteiro de onde vinha e nem o que desejava alcançar. O velho compreendia além das palavras, entendia a linguagem do olhar, das vibrações e os sentimentos. A égua arrastava a carreta por cantos e caminhos assustadoramente escuros. Quando o odor do barro úmido invadiu o ambiente, perceberam que já era a hora da chegada e o mestre descarregou da carroça seu bloco de barro.

Ao amanhecer, o cheiro fétido do ambiente fez com que o aprendiz se despertasse e, ao abrir os olhos, contemplou o lugar onde estava. Era uma lagoa escura, negra e composta de um barro, à primeira vista, sem a menor qualidade e muito desagradável até para o contato.

A água tinha uma superfície espumosa e nenhum pássaro sobrevoava o lugar onde, em tempos remotos, fora um oásis, um perfeito paraíso. O mestre há muito já estava de pé, somente esperando que o rapaz se levantasse. Apesar da aparência anciã, o mestre era dono de uma disposição física surpreendente.

– "Observa. Irás aprender como trabalho com o barro através de tua própria experiência. Quando lograres copiar meu conhecimento te converterás em um mestre assim como eu me converti", disse o velho para seu aprendiz.

Assim sucedeu. Por longas semanas o Mestre torneava o barro com suas mãos e modelava maravilhosas panelas e utensílios. O jovem observava cada movimento. Absorto. Quando já não havia mais o barro que levara, o mestre se encaminhou até a montanha, cortou uma certa quantidade de lenha e com essa mesma madeira cortada de uma forma idêntica no tamanho e também no peso, cobriu suas peças de barro e ateou fogo. De muito longe se podia notar a claridade da fogueira queimando durante toda aquela noite. Uma alegria contagiante tomava conta do ar, da terra e da água da lagoa. As brasas da fogueira saltavam de um lugar a outro, dançando e desenhando figuras de lembranças, rostos desconhecidos, um autêntico começo como se a vida tivesse sido iniciada da mesma forma. O fogo, o barro e as mãos do artesão.

Ao amanhecer, as cinzas já haviam sido dispersas pelo vento podendo-se, assim, admirar-se as belíssimas peças prontas para o uso. O mestre as acomodou, uma a uma, sobre a carreta da maneira como sua experiência o havia ensinado. Quando a carreta estava cheia, apontou com o indicador para o lago e disse:

– "Olha, aqui tens todo o barro de que necessitas para o que desejas e, passando a colina, poderás cortar a lenha suficiente para que o fogo transforme o seu trabalho em peça única". Em seguida, o velho subiu na carroça e seguiu seu caminho sem olhar para trás. O infeliz rapaz tentou correr para alcançar o mestre que o abandonara naquele lugar insólito, porém duas forças maiores o detiveram: a impossibilidade de alcançá-lo por sua deficiência física e o desejo de chegar a sua meta, a sua grande obra.

Meses se passaram e ele seguia praticando neste barro mau-cheiroso. Entrava quase até a cintura para tirar, da parte mais profunda da lagoa, um barro mais fino, de mais fácil manuseio. Logo, com suas mãos começava a torneá-lo. Incontáveis foram as peças que teve de refazer ou desmanchar até conseguir sua primeira panela. Com o passar do tempo, tornou-se exímio na arte do manuseio do barro negro. Quando teve a habilidade na modelagem e na manipulação, concentrou-se em trazer a lenha. Cortou assim como seu mestre o havia ensinado. Colocou a lenha sobre as panelas e iniciou o processo do fogo, para curar a cerâmica. Suas expectativas eram tão grandes quanto a satisfação de haver logrado a primeira parte da tarefa. Sentia que estava no caminho certo, pois memorizara perfeitamente os ensinamentos dados pelo ancião. Havia seguido, havia copiado seus passos e seus detalhes...

Ao amanhecer do outro dia, com as cinzas dispersadas, ele fitou o lugar onde ainda havia uma linha de fumaça esvoaçante e se deu conta do inconcebível fato: todas as panelas e utensílios feitos por ele com tanto ardor estavam rotos sem qualquer sinal de aproveitamento. O sucedido não tinha explicação e, com isso, seu primeiro ato foi regressar à lagoa para retirar o barro e retornar à mesma ação repetida tantas vezes. Assim... passou um ano e se deu conta de que todas as vezes que acendia o fogo os objetos que ele fazia quebravam-se como objetos de areia. Resolveu, então, voltar à montanha... à cabana do mestre. Decidiu e o fez. Muito, mas muito mais rápido do que podia imaginar que o fizesse. Tinha se convertido em um homem ágil e hábil com as pernas.

Bateu à porta e, assim que ela foi aberta por seu mestre, disse-lhe:

– "Meu mestre, fiz tudo da maneira como me dissestes. Copiei ao pé da letra e cheguei a acreditar ter melhorado o sistema, pois acabei por adaptá-lo às minhas próprias necessidades e, assim mesmo, todas as minhas panelas e utensílios se romperam com o fogo. Explique-me, Mestre, com tua sabedoria, o que aconteceu comigo?" E o mestre, com toda a passividade que o caracterizava e com um suave sorriso, o observou da cabeça até os pés, finalizando então com essas mesmas palavras: – "Tuas pernas estão sãs, teus braços fortes, e tuas mãos também não estão retorcidas como antes. A lagoa onde você residiu neste último ano e o barro com que você trabalhou podem ter parecido desagradáveis, porém seu encanto vai além de sua percepção e o poder curativo é o maior benefício oferecido para quem a penetra com o intuito do trabalho. A cura do barro está no fogo que endurece a cerâmica e proporciona resistência, e a tua resistência está no trabalho dentro da lagoa e no manuseio do barro negro. Este barro se dilui em altas temperaturas e, por isso, tu encontraste a perseverança que modelou a tua alma. Reavivou repetidas vezes o fogo dançarino de tua vida e assim reconstruiu a habilidade. A técnica tu a levas contigo, e a peça única que por muito tempo pensaste não conseguir está aqui presente, completa e mais inteira do que nunca. O teu próprio ser. A tua própria santidade. O corpo saudável e rígido como uma peça de barro curtido em fogo brando. O objeto único da autocriação. Anda, agora já podes caminhar. Tu te transformaste em um verdadeiro mestre da tua própria existência e a partir de hoje já podes usar todos os barros que encontrar em teu caminho. Molde-os e queime-os sem que se rompam, trabalhe o barro assim como modelou teu corpo pois, a partir dele, renovarás para sempre a história da tua vida. Agora vai".

E sem pronunciar mais palavras o forasteiro tocou a mão de seu mestre num gesto sincero de gratidão, olhou em direção à estrada... Seguiu em frente...

A Escola dos Aprendizes de Mago

José Carlos Reyes

Era uma carroça feita de cores fortes, agradável para a vista e confortável para quem ali se dispunha a viajar. Com ela, um senhor de barbas brancas percorria todo o reino levando alegria às casas e às travessas pode onde passava. Tinha um som especial, não era uma carroça comum, pois que nela o viajante levava seus sinos, sinetas e campainhas de muitos tamanhos, formas e materiais.

A música acompanhava o viajante a cada instante, pois o choque das rodas da carroça em pedras e galhos espalhados pelo caminho fazia tilintar os sinos aí dispostos. Todos podiam identificar a chegada de seu coche e, mesmo sem saber do que se tratava, se acercavam para poder escutar melhor o som executado com tal domínio e precisão. Quando todo o povo de uma cidade já se fazia presente ele começava a manusear os instrumentos criando melodias tão lindas e envolventes quanto um canto noturno de uma sereia ao longe. Por várias horas permanecia assim, soando e fazendo-se ouvir pelas cidades. Preenchia-se ainda mais de alegria quando alguém se aproximava e lhe fazia a pergunta esperada:

– "Qual é a sua missão?", questionavam.

E ele esclarecia ao povo:

– "Estou recrutando jovens de sensibilidade para serem meus pupilos. Nosso reino depende da força criadora de nossos jovens". Respondia entusiasmado.

À primeira vista todos pensavam se tratar de um general ou algum comandante, mestre na arte da guerra, querendo subtrair rapazes e convencê-los a acompanhá-lo para treinamento e ingresso na cavalaria do rei. Seria um orgulho para qualquer pai ver seu filho defender com força e armas a coroa de seu soberano. Exibiam a força e a habilidade de sua prole assim como a um troféu, até a primeira interrupção do andarilho:

– "Este reino necessita de magos, de magia e sutileza, não de um exército".

Ao escutar isso, quase toda a gente lhe virava o rosto e se retirava indignada, esquecendo-se da alegria por ele proporcionada com a melodia dos sinos. Alguns poucos permaneciam na praça, escutando seus ensinamentos filosóficos e puros da magia. Encantados com a sinceridade de suas palavras, entregavam a ele seus primogênitos para a iniciação. Estes já haviam escutado histórias de curas e desenvolvimento pessoal, pois eram netos, bisnetos ou descendentes de sábios magos da antiguidade. Para esses que confiavam em sua obra e boas intenções, o senhor oferecia alguma de suas doces campainhas. Sempre a que mais os fizesse recordar a imagem do filho que o acompanharia. A forma e o som preenchiam o coração com a lembrança de que os meninos estariam em um lugar engrandecedor e sendo instruídos para o bem.

Um dia, o missionário fez sua aparição num povoado e anunciou:

– "Venho avisar aos presentes que foi fundada a escola de magos e curandeiros, para disseminar por todo o reino esta prática milenar tão carente em nosso território. Já não é mais hora de que somente os eleitos dos reis e dos nobres absorvam o conhecimento das sutilezas. A magia está verdadeiramente na alma de quem deseja o bem comum, não somente para benefício próprio. Nosso reino depende de vós. Da fé existente no coração das pessoas que sabem a realidade das ruas e que tomam a felicidade até mesmo no simples soar das sinetas que carrego. É o povo quem sabe de suas próprias necessidades e anseios".

Suas palavras soaram no vazio, nenhum habitante se aproximou. Nem ao menos para escutar a música que trazia consigo em sua carroça enfeitada. Perguntou-se todo o tempo o que sucedera. Por que não era ouvido e acreditado... A dificuldade não o abateu e ele, em busca de alguma resposta para o fato, amarrou a sua carroça de sinos, disposto a transitar pelos becos e travessas daquela cidade. Já era alta a noite e as ruas estavam vazias. Percorreu caminhos estreitos e lamparinas acesas indicaram que estava perto de um albergue. Escutou vozes, mas o cansaço tomou conta do seu corpo e precisava de forças para exercer sua função. Resolveu descansar até o dia seguinte e, como nunca carregava dinheiro nem ouro consigo, acabou por dormir em um pequeno celeiro de madeira perto dali. A palha estava umedecida pela chuva e um leve cheiro de esterco pairava pelo ar. Isso não o incomodou e adormeceu tranqüilamente.

Ao primeiro reluzir do sol, os animais que ali se abrigavam durante as noites o despertaram de uma forma muito agressiva, grunhiam e cacarejavam, quase verbalizando aquilo que ele já tinha entendido: Ele não era bem-vindo ali. Mais uma vez a dúvida pousou sobre sua consciência. O que estaria fazendo ele naquele lugar? Por que não havia seguido seu caminho quando teve a oportunidade? Era dono de sua própria vontade e, por causa dessa sua característica, voltou às ruas para conhecer como vivia essa gente que o ignorava... Observava cada detalhe da vila: as ruas escuras, os ranchos e os sobrados. Prestava atenção aos ruídos dos trabalhadores no campo e aos murmúrios das crianças dentro de casa. Chegou às escolas e na mesma hora se deu conta de que em seus jardins não existiam flores, apenas feno e poeira. Essa imagem desértica se repetia por todos os lados onde buscava uma flor. Não havia nem sinal da presença delas por ali. Caminhou por horas à procura de algum jardim cultivado e não encontrou nem ao menos uma semente. Seguiu a sua busca incessantemente até deparar-se com sua própria carroça, que estava onde ele a deixara na noite anterior. Chegando ao seu ponto de partida respirou um pouco do ar, subiu no transporte e, em um piscar de olhos, avançou decididamente pela estrada, sem parar nos povoados seguintes como era de costume que o fizesse. Tomou nas mãos a direção e continuou até chegar em uma cidade que jamais conhecera.

A cidade era mais movimentada que a última em que havia estado, mas, mesmo assim, a sua mobilidade sonora não chamou atenção. Isso pouco o preocupava neste momento, pois se ateve somente em dirigir-se às escolas dali. Por sorte, ou por simples destino, encontrou rapidamente o que procurava. Crianças tomando lições dentro de salas de aula. Era um Centro Educativo tradicional, mas um curioso detalhe chamou sua atenção para dentro de uma das classes, e essa surpresa o preencheu de esperança. Teve absoluta certeza de que agora poderia de novo dedicar-se a ensinar o saber que a ele fora oferecido. Dentro da sala o professor ditava seu curso e os olhares dos alunos se dispersavam a cada instante com as travessuras de uma pequena borboleta que sobrevoava o colorido jardim do lado de fora. Eram olhares fascinados através do vidro da janela. O das crianças por ver o balet desinibido do inseto sobre as rosas e margaridas e também o olhar do homem que contemplava extasiado tal imagem.

A simplicidade desta alegria foi interrompida de súbito pelo professor, que com tal ferocidade abriu a porta, se dirigiu até o jardim e arrancou todas as flores aí plantadas. O velho senhor não pôde resistir ao impacto, mas tão pouco quis perguntar ao tutor o que se passara sabendo que, provavelmente, não lhe saberia responder, tamanha a sua agressividade. Sem pensar duas vezes o missionário subiu em sua carroça decidido a chegar ao palácio real.

Uma vez diante de Sua Majestade foi logo questionado pelo mesmo:

– "És tu que dizes ser mestre da escola de magos. O que pretendes com essa atitude? Onde estão teus discípulos, velho?"

E o carroceiro, humildemente, em sua sabedoria começou a fazer-se compreender:

– "Meu senhor, quero que vejas com seus próprios olhos o que se faz de verdade dentro da aprendizagem por aqui. Não há um espaço livre para o pensamento contido, nem espaço contido para um pensamento livre".

A princípio o rei não compreendeu o que dizia, mas como sabia do poder da magia e da sabedoria do velho o acompanhou até as escolas do palácio. O rei percebeu aos poucos que em todas elas, há muito tempo, não se cultivava flores. Viu de perto os jardins sem vida nos colégios e ouviu com atenção as palavras do senhor que o acompanhava. "Semeia flores no jardim do conhecimento que todas elas crescerão supremas e sadias. A razão e a sensibilidade são aliadas do crescimento, assim se desenvolve o discernimento dos homens. O equilíbrio está entre o aprendizado e a curta vida das borboletas."

O rei assim o fez, plantou uma semente em cada polegada seca dos jardins do palácio e pouco a pouco o sorriso e o conhecimento voltaram a brilhar nos olhos dos alunos. A curiosidade perante a sutileza se propagou de forma suave e natural, enchendo os corações de pais e avós com orgulho já que, a partir desse dia, todos puderam reacender antigos costumes e práticas de magia por décadas e décadas esquecidas. Os alunos do mago se tornaram mestres e os alunos de seus alunos outros mestre mais e, quando se escuta ao longe uma melodia sonora ou um tilintar de uma sineta, já não resta dúvida alguma do fato presente. Silêncio, tem um novo mago nascendo.

Outros Títulos Sugeridos

COACHING PARA O DESENVOLVIMENTO

Com este livro, o leitor terá a oportunidade de conhecer as técnicas de *coaching* para o desenvolvimento. São técnicas que poderão ajudar a explicar o papel do gerente como treinador, esclarecer o significado dos cinco papéis dos treinadores e fornecer exemplos de técnicas em decisões de *coaching* de qualidade.

Autora: Marianne Minnor / **Nº de Páginas:** 96 / **Formato:** 20,5x20,5cm

COACHING COM PNL

Este livro muito prático, escrito por Andréa Lages e Joseph O'Connor, dois renomados especialistas da área, respeitados internacionalmente. Na obra, há uma combinação entre as teorias mais avançadas e os exemplos práticos de fácil entendimento ao leitor e de simples aplicação nas situações da vida real.

Autores: Andréa Lage & Joseph O'Connor / **Nº de Páginas:** 272 / **Formato:** 16 x 23cm

Outros Títulos Sugeridos

METÁFORAS

Este livro é direcionado a todos os profissionais que utilizam metáforas como instrumento de comunicação indireta para enviar múltiplas mensagens, seja ao consciente ou ao inconsciente do ouvinte. Terapeutas, educadores, consultores e gestores são exemplos de profissionais que verão neste livro uma excelente ferramenta para promover a evolução pessoal ou profissional de seus educandos.

Autora: Consuelo C. Casula / **Nº de Páginas:** 142 / **Formato:** 16 x 23cm

Outros Títulos Sugeridos

COACHING INTEGRAL

Além do Desenvolvimento Pessoal

O *Coaching Integral* possui suas raízes na Psicologia Integral e tem como base o trabalho de vários autores, pensadores e *trainers*. Entre eles Ken Wilber e Robert Kegan (Psicologia Integral e Evolução da Consciência), George Vaillant (Mecanismos Adaptativos), David Kolb (Aprendizagem Experiencial) e Carl Rogers (Terapia Centrada no Cliente). A essência do trabalho desses autores pode ser bem assimilada ao longo da leitura desta obra.

Autor: Martin Shervington / **Nº de Páginas:** 192 / **Formato:** 16 x 23cm

Entre em sintonia com o mundo

QualityPhone:

0800-263311

Ligação gratuita

Qualitymark Editora
Rua Teixeira Júnior, 441 – São Cristóvão
20921-400 – Rio de Janeiro – RJ
Tel.: (21) 3860-8422
Fax: (21) 3860-8424

www.qualitymark.com.br
e-mail: quality@qualitymark.com.br

Dados Técnicos:

• **Formato:**	16×23cm
• **Mancha:**	12×19cm
• **Fontes Títulos:**	AmericanaXBdCn BT
• **Fontes Texto:**	Garmd ITC Bk BT
• **Corpo:**	11
• **Entrelinha:**	13,2
• **Total de Páginas:**	136